A antropologia personalista de Karol Wojtyla

PAULO CESAR DA SILVA

A antropologia personalista de Karol Wojtyla

Pessoa e dignidade no pensamento de João Paulo II

UNISAL
Centro Universitário Salesiano de São Paulo

EDITORA
IDEIAS&
LETRAS

Direção Editorial:
Carlos Silva
Ferdinando Mancílio

Comissão Editorial:
Avelino Grassi
Roberto Girola

Copidesque:
Leila C. Dinis Fernandes

Revisão:
Ana Lúcia de Castro Leite

Diagramação:
Alex Luis Siqueira Santos

Capa:
Márcio Mathídios

Esta é uma edição revista e ampliada do livro *A pessoa em Karol Wojtyla,* de Paulo Cesar da Silva, editado em agosto de 1997, pela Editora Santuário, Aparecida-SP.

1ª Reimpressão

EDITORA IDEIAS& LETRAS

Rua Tanabi, 56 – Água Branca
Cep: 05002-010 – São Paulo/SP
(11) 3675-1319 (11) 3862-4831
Televendas: 0800 777 6004
vendas@ideiaseletras.com.br
www.ideiaseletras.com.br

Dados Internacionais de Catalogação na Publicação (CIP)
(Câmara Brasileira do Livro, SP, Brasil)

O que os filósofos pensam / editado por Julian Baggini e Jeremy Strangroom; [tradução Ivo Storniolo]. – Aparecida–SP: Ideias & Letras, 2005.

Título original: *What Philosophers Think.*
ISBN 85-98239-33-X

1. Filosofia moderna 2. Filosofia moderna – Século 20
3. Filósofos – Entrevistas I. Baggini, Julian. II. Stangroom, Jeremy.

05-1848 CDD-190.904

Índice para catálogo sistemático:

1. Filósofos: Entrevistas 190.904

Ao Verbo de Deus e a sua Mãe.
A João Paulo II, papa e filósofo da pessoa.

A Vilma, a Maria Raquel, a Gabriel.

Sumário

João Paulo II, um homem de nosso tempo

Nosso é um tempo em que os meios de comunicação de massa tornam incontrolável o trânsito dos valores. As instituições que o administravam – as famílias, as comunidades de crença e cultura, as corporações de trabalho etc. – não mais se sustentam no jogo de forças deste novo e inusitado *logos*. Um mundo onde o alarido da ética mascara a dignidade da pessoa humana, privando-a daquelas tradicionais situações de pertencimento e identidade; retirando-lhe o repouso, a paz, a morte; reunindo todos, pobres ou ricos, numa grande e miserável leva de expropriados, de excluídos da herança humana.

A síndrome de imortalidade, que acomete os homens em cada geração e que, nesta nossa época, parece infestar todos os discursos, promete em suas utopias a extinção para breve da esperança. Nesta arena particular, a filosofia tem sido como nunca malversada, instrumentalizada. Neste embate, Karol Wojtyla pôde ser visto mais como *persona* filosófica do que como filósofo personalista. Como poucos de seus contemporâneos, o filósofo polonês seguiu um ***bios theoretikós*** que ultrapassa nosso vezo academicista e nossa indolência na meditação da Verdade.

Meio fora de moda falar de Verdade para uma cultura que se diz "pluralista" e infinitamente "tolerante", sempre à cata do "politicamente (e do sexualmente, do religiosamente, do culturalmente...) correto". Em uma época em que os pecados que clamam aos céus por justiça se acumulam sobre nossas cabeças, Wojtyla conseguiu ficar fiel à pessoa do Homem, sem cair na fácil tentação da via larga do discurso ético, artigo simpático no mercado das bandeiras e das causas, algo ressentido com um mundo que "deveria ser diferente". Essa imaturidade espiritual, fonte de tanto ativismo e tanta pastoral adolescente, compromete a vida de oração: às vezes com a esterilidade, às vezes com a pieguice. Hoje, quem poderia dizer com o filósofo de Cracóvia que "reza cada palavra pronunciada"? Essa rara integridade é dos traços mais notáveis de sua vida e obra.

Filho do séc. XX, o tempo de gestação de seu pensamento filosófico foi marcado por algumas correntes de filosofia e por muitos ensaios da ideologia. O materialismo histórico, o espiritualismo, o personalismo, o liberalismo, negociados sem muitos escrúpulos, ora sob formas humanistas, ora sob a de totalitarismos, lutam pelo controle das coordenadas maiores da civilização. O neotomismo se apresenta sem as chances que o séc. XIII ofereceu ao gênio de Santo Tomás e entra na composição de seu universo teorético de maneira típica, como parte da formação de todo o eclesiástico. Isso não impediu que, por meio de Garrigou-Lagrange, Wojtyla incorporasse em sua visão de mundo, já marcada pela *noche escura* de São João da Cruz, aquele realismo com que Leão XIII, desde a *Aeterni Patris*, quis revitalizar à inteligência católica.

A questão da pertinência de cada pensamento a seu tempo fica especialmente relevante no caso de Karol Wojtyla. Sua biografia, cheia dos percalços deste novo milênio, enriquece as hipóteses do historiador de sua filosofia. Um poeta eslavo, um ator trágico, um representante da fronteira católica, um membro da resistência orante, um místico inspirado, um político prudente, um comunicador eficiente... Foram várias máscaras de uma só pessoa? Nada há que nos autorize suspeitar da autenticidade de seus pronunciamentos ou da integridade de sua conduta. No entanto, por isso mesmo, fica ultrapassada a pretensão de discernir entre o homem e a obra, entre a obra e a vida.

O professor Paulo Cesar estuda o personalismo de Karol Wojtyla desde os primeiros anos de seu pontificado. O texto que agora ele apresenta ao leitor vem, certamente, enriquecer a bibliografia em língua portuguesa sobre o pontífice, somando-se de modo singular ao rol de uma reflexão filosófica personalista cada vez mais oportuna. Desde o Congresso Internacional de Filosofia e Práxis em 1984, no Rio de Janeiro, até à fundação do Centro

Jacques Maritain, repetem-se iniciativas que evidenciam a exaustão da cultura acadêmica positivista, que vem dominando o cenário brasileiro desde a Colônia. Parece estar chegando ao fim a marginalização daqueles elementos personalistas presentes no movimento protagonizado no Brasil, inicialmente, por Jackson de Figueiredo, o Cardeal Leme, Alceu de Amoroso Lima, Sobral Pinto, Leonel Franca, Tasso da Silveira e tantos outros. De fato, mercados culturais alternativos têm ocupado a atenção dos órgãos financiadores da pesquisa, como o da imprensa livre-pensadora e o da indústria publicadora, de modo que as patrulhas e os boicotes ao "perigo católico" devem permitir a volta à cena das reflexões filosóficas em torno da tradição cristã. Ademais, esse "perigo" parece ter sido já devidamente domesticado por uma conveniente adaptação ética do Evangelho aos "novos tempos". O que torna essa volta, aliás, mais urgente.

Certamente não será um retorno como voz respeitável de protagonista. Os últimos 40 anos fecharam o espaço em que se poderiam ouvir essas vozes. Seu auditório precisa ser recomposto. Mas há prenúncios de uma volta do pensamento católico como interlocutor de uma sociedade que já começa a se cansar de seu excesso de liberdade. Há toda uma geração de intelectuais à qual ainda pouco ou nada dizem as clássicas teses escolásticas do "humanismo cristão" ou da "democracia cristã". João Paulo II deu início a sua educação. Quem a continuará?

Centrado no momento mais filosófico do pensamento de Karol Woytila, o estudo do prof. Paulo Cesar focaliza o tema da pessoa através da noção de ação, concebida enquanto condição de tomada de consciência de uma responsabilidade inadiável e intransferível frente ao mundo e ao Transcendente. O tema da pessoa não é um tema qualquer. Seu conteúdo objetivo é sempre preterido por exigências existenciais clamorosas, significativas para o homem concreto e único que cada um de nós é. O autor desenvolve-o com suficiente clareza, sem minimizar sua intrínseca complexidade. Principalmente para o leigo em matéria filosófica, a leitura da obra de alguém, que se vai mostrando abalizado comentarista, pode tornar-se empreitada um tanto árdua.

Mediando entre a filosofia do ser e a filosofia da consciência, Karol Wojtyla participou do grande debate que arrastou parte da intelectualidade do séc. XX a estudar a mútua limitação de sujeito e objeto. A experiência europeia dos totalitarismos, que marcou o séc. XIX – findo em 1914! – acompanhada pelos delirantes ensaios de liberdade com que o individualismo seduzia levas e levas de consumidores industrializados, encontra sua geração de prontidão, uma consciência advertida diante dos sonhos de conquista da Razão. Quase se pode dizer que a geração do filósofo de Cracóvia aprendeu a prever o desenlace bélico do confronto das diferenças e a fragilidade das vias de diálogo e cooperação. Talvez, hoje, ela apareça para nós como sacrificada no altar da tolerância, sem muito tempo para uma elaboração mais sistematizada da Verdade.

O método fenomenológico convém a esses momentos em que a meditação não tem tempo de ir à escola. Os problemas se precipitam e o pensamento, ainda jovem, é recrutado para responder às urgências da civilização em crise. O filósofo Karol foi um dos que resistiram à pragmática dos receituários tanto quanto a um cinismo que iria embriagar boa parte de almas mais sensíveis. O presente comentário mostra-o bem: o conceito de pessoa por ele desenvolvido, partindo da ação e indo até as estruturas, até os "dinamismos", de sua realização em comunidade, em horizontes de bem comum, é praticamente uma conquista de um alpinista do espírito, escalando a materialidade da história.

Marcos Cotrim de Barcellos

Apresentação

Karol Wojtyla foi uma das personalidades mais complexas de nosso tempo. De fato, começou a expressar seus sentimentos e sua visão de vida como poeta e dramaturgo. Em seguida, como seminarista, estudou teologia e, depois da ordenação, doutorou-se em teologia, defendendo uma tese sobre São João da Cruz, tendo como orientador, no *Angelicum* de Roma, o neotomista Pe. Garrigou-Lagrange, dominicano. Aliás, é interessante, a esse respeito, o testemunho do próprio Papa em seu livro "Dom e Mistério", escrito na ocasião dos 50 anos de sacerdócio, em que ele afirma que, quando seminarista, tinha pensado em tornar-se carmelita, mas não teve o apoio do próprio Arcebispo de Cracóvia. Dessa maneira, não foi carmelita, mas escolheu o pensamento do reformador carmelita São João da Cruz como tema de sua tese e, até em seus discursos de Pontífice, mostrava uma predileção para essa espiritualidade.

Mais tarde, na Universidade de Lublin, Polônia, defendeu uma tese de doutorado em filosofia sobre o pensamento de Max Scheler. E, por fim, tornou-se Papa. Apresentar, pois, um quadro sobre a figura espiritual de Wojtyla é difícil, devido a esta multiplicidade de elementos que fazem parte de sua vida.

Um dia o filósofo Giovanni Reale perguntou ao Papa: "João Paulo II gosta mais do Wojtyla poeta ou do Wojtyla filósofo?" O Papa respondeu, com feliz ironia: "Gosto dos dois". Isto significa que, também como Papa, ele se reconhecia seja no "poeta", seja no "filósofo".

É interessante que o ser humano pode chegar à verdade percorrendo diferentes caminhos, como o da intuição artística, o da razão filosófica e o da fé religiosa. E, se quisermos encontrar o "denominador comum" que nos explica, ao mesmo tempo, quem é Wojtyla poeta, filósofo e teólogo-pastor, vamos encontrar dois elementos básicos: o homem como pessoa e o amor-doação que, só ele, torna o homem verdadeiramente "pessoa".

O conceito de "homem como pessoa" nasce somente no âmbito do pensamento cristão; é desconhecido no antigo pensamento grego e, na época moderna, é substituído pelo conceito de "indivíduo". Para Wojtyla, o ser humano não pode ser reduzido a um "indivíduo da espécie". Há nele "algo mais", a saber, "uma plenitude e uma perfeição de ser" que se expressam com o termo "pessoa". Esta pessoa, reflexo divino da Santa Trindade, que é a "interação absoluta entre três Pessoas", expressa-se na interação entre o "eu" e o "tu" e leva à "solidariedade", à "comunhão" e ao "amor-doação". Quem ama procura o "bem do outro". E o amor perfeito chega ao máximo quando, juntamente com a outra pessoa, se procura o Bem supremo, Deus. De fato, o ser humano não se satisfaz com seu semelhante: só Deus pode preencher a sede do coração humano. Nesta experiência do amor, há, ao mesmo tempo, a obra do homem e a ação da Graça Divina, em que age o Criador invisível, fonte do amor.

O Professor Paulo Cesar da Silva, doutor em filosofia, tinha defendido, antes, sua dissertação de mestrado sobre o conceito de "pessoa" em Karol Wojtyla. Dessa maneira, podemos aprofundar esse conceito básico que nos ajuda a entender a rica personalidade do artista-teólogo-filósofo. Max Scheler reduzia a pessoa a atos. Wojtyla, por sua vez, distingue a pessoa humana como valor dos valores da pessoa, e a hierarquia deles, afirmando a natureza e a dignidade transcendente do ser humano, como demonstra o quinto capítulo deste livro.

O falecimento de João Paulo II leva a humanidade inteira a perguntar-se: "Quem era este homem?". O Professor Paulo Cesar certamente vai ajudar-nos a responder de maneira adequada a essa indagação. Poderemos, assim, entender melhor a história desse homem que entrou na história e a marcou significativamente, procurando sempre afirmar o valor transcendente da pessoa humana.

Gostaria de concluir esta apresentação, lembrando uma frase que o próprio João Paulo II pronunciou no dia 22 de outubro, na ocasião do início solene de seu Pontificado: "Homem: com quanto respeito precisamos pronunciar esta palavra!"

Prof. Dr. Lino Rampazzo
Unisal/Lorena, 19 de abril de 2005
Dia da eleição do Papa Bento XVI

Introdução

O mistério do homem se revela na pessoa. Algumas palavras, como incomunicabilidade, espiritualidade, doação, liberdade, que são usadas para se aproximar do ser humano, podem provocar contrariamente um distanciamento dele.

Investigaremos, neste estudo, a compreensão que Karol Wojtyla demonstra sobre a pessoa. A realidade pessoal, para ele, assume uma importância muito significativa. A pessoa é o referencial que para ele possibilita entender o lugar do homem no mundo. Nosso autor, na verdade, é o filósofo da pessoa. Ele se interessa pelo ser humano em sua integridade, o que significa que Karol Wojtyla procura, em sua maneira de compreender a criatura humana, integrar todos os elementos que compõem este ser complexo que é o homem. Ele compreende o ser pessoal como uma realidade dinâmica e chamada a *ser e a fazer-se*. Ele deve autopossuir-se e crescer na transcendência que se encontra intrínseca a seus atos.

A oportunidade da pesquisa sobre a compreensão da pessoa, segundo Karol Wojtyla, também se encontra no fato de que o problema do homem é, em nosso tempo, objeto de importantes correntes do pensamento. O tema do homem, na contemporaneidade, é, de fato, objeto de aguda atenção. O ser humano se tornou, verdadeiramente, o eixo do entendimento de todo o real. Constatam-se, ao mesmo tempo, certas perplexidades. O homem de nossos dias parece hesitar e temer frente aos problemas que ele mesmo gerou. Karol Wojtyla vem afirmar que a filosofia da pessoa se encontra impulsionada pelos grandes problemas que o desenvolvimento, em seus aspectos quantitativos, e o progresso cultural trouxeram para a vida do homem atual.

O empenho de nosso autor em sintetizar as contribuições da filosofia do ser com as da filosofia da consciência deve receber a atenção especial daqueles que investigam a possibilidade de se estabelecer um vínculo entre a esfera da subjetividade e a dos produtos humanos, com o escopo de se alcançar a autêntica autotranscendência.

Karol Wojtyla contribui, com sua concepção de pessoa, para o enfrentamento de determinados problemas de nosso tempo. Sua abordagem sobre o homem-pessoa indica caminhos frente aos reducionismos antropológicos que, por sua natureza parcial, dificultam e comprometem a realização da pessoa humana. Sua antropologia, por outro lado, é aberta e estimula novas pesquisas que objetivem sua confirmação na esfera do humano.

Karol Wojtyla revela um interesse pelo ser humano em toda a sua obra. Abelardo Lobato declara que seu pensamento, entretanto, apresenta três fases significativas. A primeira é a da formação. Nosso autor, nessa etapa, a partir dos fundamentos tomistas, encontra a fenomenologia nos escritos de Max Scheler. Esse período culmina em 1960. A segunda fase é a do aprofundamento na pesquisa. Karol Wojtyla estuda a pessoa em seu dinamismo integral. Publica, em 1969, sua obra fundamental, *Persona y Acción*, síntese de sua antropologia filosófica.[1] A terceira etapa começa a partir de 1974. Constitui o período em que sua teoria se consolida e se irradia.

Este texto objetiva ser uma introdução à maneira pela qual Karol Wojtyla compreende a pessoa humana e seu valor. Refletiremos, neste estudo, sobre os passos que nosso autor empreende para chegar à compreensão da pessoa e a sua eminente dignidade.

Veremos, no capítulo I, o significado da experiência integral

[1] LOBATO, Abelardo. La Persona en el Pensamiento de Karol Wojtyla, em: *Angelicum*, vol. 56, p. 181; BUTTIGLIONE , Rocco. *Il pensiero di Karol Wojtyla*, Milano, p. 141; SEIFERT, Josef. Fenomenologia e consciência da filosofia de Karol Wojtyla: Para uma nova metafísica clássica da pessoa em Antropologia, em: *Antropologia e práxis no pensamento de João Paulo II*, p. 71.

da pessoa humana para Karol Wojtyla. Ela é interna e externa e, ao mesmo tempo, unitária. É a partir dessa experiência global que se processa o conhecimento do ser humano. Outra constatação fundamental é que a ação humana constitui uma experiência inegável e é por ela que se chega ao conhecimento da pessoa humana. Conhece-se a pessoa através de seus atos. Eles possibilitam o acesso à interioridade do ser humano.

Abordamos, no segundo capítulo, a realidade da consciência e da eficácia da pessoa. Procuraremos demonstrar como nosso autor entende a mútua relação daquilo que é essencial no *dinamismo da ação da pessoa*, que é a dupla função da consciência e a fundamental experiência de se perceber como causa das próprias ações. Constitui um fato que o ato se apresenta à consciência do homem. A consciência, ao mesmo tempo, possui a função de reflexão e de reflexibilidade. O ato, por sua vez, não antecede o ser e a consciência não pode ser entendida como algo absoluto, sem limites. Quanto à eficácia, nos atos autenticamente pessoais, o homem experiencia que ele é a fonte das ações. A autodeterminação também condiciona sua autorrealização. A autotranscendência é consequência da capacidade que a pessoa possui de ser a causa da própria construção, a partir do que lhe foi dado. A pessoa e a ação expressam uma *relação experiencial causal.* A diferença entre o atuar e aquilo que *ocorre* no homem é fornecida pela experiência da eficácia. A outra constatação de capital importância é que a pessoa torna-se boa ou má, na medida em que suas ações, por sua vez, são, moralmente, boas ou más.

O problema da integração dos diversos componentes da pessoa é investigado no capítulo III. Esses elementos são o somático, o psíquico e aquilo que é essencialmente *pessoal.* A integração é compreendida como um aspecto que complementa a transcendência. A pessoa realiza seu autodomínio à proporção que integra os diversos dinamismos na ação e não os eliminando. Os dinamismos do ser humano, na integração, convertem-se em *pessoais.*

Temos, no capítulo quatro, a análise do que Karol Wojtyla chama de *participação.* A participação é o agir da pessoa humana junto com os outros homens. Esse agir junto com os semelhantes é, com a autotranscendência e a integração, uma das dimensões fundamentais da pessoa. Unicamente bem comum, por outro lado, pode ser a base das autênticas comunidades humanas. Poderão surgir, na participação, atitudes autênticas e inautênticas. A qualidade de participação terá como referenciais os sistemas de *membro da comunidade* e de *próximo*. O amor, entretanto, é indispensável para que se constitua uma comunidade verdadeiramente humana.

Demonstrados os elementos identificadores da pessoa humana, o capítulo V vem refletir e afirmar o valor e a eminente dignidade da pessoa. A participação, agora ontológica, da pessoa humana, no valor Absoluto e Transcendente, é o fundamento e a garantia moral do próprio valor do ser humano e da inviolabilidade de seus direitos ontologicamente fundados.

As considerações finais levarão em conta a concepção personalista wojtyliana do ser humano, que declara a irredutível redução da pessoa ao cosmo, sua participação e vocação ao Transcendente, para se afirmar, como consequência, sua iminente dignidade e valor mediante os problemas axiológicos e éticos da vida humana atual e de sempre.

Capítulo I

A EXPERIÊNCIA INTEGRAL DA PESSOA HUMANA

Encontramos, em Karol Wojtyla, desde o início, uma premissa fundamental. Ele afirma que a pessoa humana pode conhecer a verdade essencial das coisas. Ao contrário, absurdo e inútil seria todo o esforço de comunicação de algum conteúdo que, antecipadamente, já fosse considerado não possível de ser conhecido. Todo juízo, aliás, pretende ser verdadeiro em relação ao objeto a que se refere. Conforme Josef Seifert, Karol Wojtyla apresenta a convicção realista de que o ser humano tem a possibilidade de

> captar fatos inteligíveis e universais a respeito da essência e da natureza das coisas em si mesma.[1]

Se o homem pode conhecer a verdade em si das coisas, Karol Wojtyla procura objetivar um processo cognitivo fundamental que ele define como a *experiência do homem*, tendo em vista suas origens.

1. A experiência como ponto de partida

A experiência é a base do conhecimento da pessoa humana. Essa experiência é entendida como a percepção imediata e direta

[1] SEIFERT, Josef. *Op. cit.*, p. 81.

das coisas. Ela também funciona, de certa forma, como uma espécie de controle do conhecimento, enquanto apresenta o objeto como realmente existente. O conhecimento, que nasce da experiência, também, de alguma forma, pode influenciá-la. Nada, entretanto, razoavelmente indica que o conhecimento deforma a experiência. A presença efetiva do próprio sujeito se dá na experiência.

Este conceito de experiência não se identifica com o empirismo ou fenomenismo, porque reduzir todas as experiências, unicamente, a funções e conteúdos dos sentidos constitui um equívoco. E quando a pessoa humana é o objeto principal de uma investigação, o não reducionismo se torna mais exigente. Se ficássemos com a posição empirista, apareceria a questão sobre o que se dá diretamente na experiência. Seria um aspecto superficial percebido pelos sentidos do ser chamado *homem* ou se trata do homem enquanto tal? E se tratando de meu próprio ego enquanto ser humano, qual a medida daquilo que é dado?

Há muitas formas de experiências. Temos, por exemplo, a experiência dos fatos psíquicos, a da estética. Não se pode reduzir a experiência aos sentidos. Karol Wojtyla enfatiza que

> A experiência deveria ser considerada como fonte e base de todo conhecimento sobre os objetos, mas isto não quer dizer que haja uma só e única forma de experiência e que esta experiência seja denominada de "sensível", que pode ser "transcendente" ou "imanente". Em geral, para os fenomenólogos, "experiência" significa o que se dá de forma imediata, ou todo ato cognoscitivo em que o objeto se nos dê de forma direta – "corporalmente" (...) Em oposição ao reducionismo empirista, existem, portanto, muitas formas de experiência nas quais se dão objetos individuais para que sejam tomadas em consideração (...).[2]

O que interessa é o ato cognitivo em seu conjunto, do qual depende nossa compreensão da pessoa humana. Não se pode afirmar que, ao captar um fato, a mente só chega à superfície e que ela se reduziria a um conjunto de dados dos sentidos. A mente parece que intervém já na experiência e essa a possibilita estabelecer

[2] WOJTYLA, Karol. *Persona y Acción*, p. 10. A tradução da língua espanhola é do autor desse estudo.

sua relação com o objeto. Essa relação também é, mesmo que de maneira distinta, direta. A natureza do conjunto total do homem é, portanto, empírica e intelectual. Os dois aspectos se inter-relacionam, interpenetram-se e, mutuamente, apoiam-se.

A estabilização dos objetos, que ocorre no homem no que se refere ao conhecimento, não significa de *per si* uma prova do conhecimento *a priori*. A estabilização demonstra, exclusivamente, o papel fundamental do aspecto intelectual na formação dos fatos da experiência, que são os encontros cognitivos com a realidade. A compreensão é intrínseca à experiência humana. Ela, entretanto, transcende-a porque a natureza da compreensão e da interpretação é intelectual. A experiência consiste, entretanto, em *um ato e um processo cuja natureza é sensorial*. Experimentar é algo completamente distinto de compreender e interpretar. O objetivo da interpretação é *produzir uma imagem intelectual do objeto que seja adequada e coincida com o próprio objeto*. Rocco Buttiglione confirma que

> A gnosiologia que Wojtyla pressupõe não é com toda a evidência nem a empirista, nem a kantiana. O homem não recebe do externo um puro conjunto de sensações que se ordenam, depois, no intelecto. A experiência é, para ele, um todo estruturado orgânico, não só no sentido de que ela há que se fazer não com sensações isoladas, mas com o objeto mesmo do conhecer, mas também no sentido de que os diversos tipos de atos da experiência se compõem em um todo estruturado orgânico, que é a experiência do homem.[3]

2. A experiência do eu e das demais pessoas

A pessoa, na experiência, deve enfrentar a si mesma. Ela realiza a experiência de uma relação cognoscitiva com seu eu. Quanto aos demais seres humanos,

> enquanto eles são objetos da experiência, eles o são de formas diferentes do que são para si mesmos ou de cada homem para si mesmo,[4]

[3] BUTTGLIONE, Rocco. *Op. cit.*, p. 149. A tradução é do Pe. Antônio Emídio Vilar, SDB.
[4] WOJTYLA, Karol. *Op. cit.*, p. 5.

conforme pensa Karol Wojtyla. Pode-se chamar a ambos os casos de *experiência do homem*, se cada um deles for uma experiência distinta e se não se reduzir mutuamente. São duas experiências diferentes, mas que não se separam. As demais pessoas são objetos de minha experiência e, quanto maior o número de seres humanos que se inserem nessa experiência, ela se resulta mais rica.

Temos, portanto, dois aspectos na experiência da pessoa humana. São os aspectos interior e exterior. Eles são simultâneos. A experiência interior, entretanto, só se dá comigo mesmo e não com outro homem. As demais, pessoais, são incluídas na experiência que a mim vem de fora. É a experiência externa. Sou para mim mesmo minha própria interioridade e exterioridade, ao ser objeto interno e externo de ambas as experiências. A experiência interna do eu é intransferível. Em relação com meu próprio eu, os demais seres humanos são somente o *exterior*, o que significa que estão em oposição a minha interioridade. Os aspectos interior e exterior, no conhecimento integral, compensam-se e se completam. A experiência, interna e externa, tende a fortalecer o efeito de complementação e compensação. Não tenho a experiência direta do interior de outra pessoa. Tenho dela, todavia, o conhecimento, porque conheço as pessoas em geral. O conhecimento do ser humano está formado, portanto, pela experiência que cada um tem de si mesmo e das demais pessoas. Temos, então, a experiência que colhemos de dentro e de fora de nós mesmos. É uma experiência unitária, mas com os aspectos interior e exterior. A pessoa humana é o sujeito e o objeto do conhecimento, enquanto tem a experiência da humanidade da forma que ela se manifesta ao próprio eu. E ela tem a experiência de si que deriva da reflexão sobre o próprio ser e agir. A experiência externa e interna se iluminam mutuamente. Não se deve atribuir significado absoluto a um dos aspectos da experiência do homem. Impõe-se reconhecer sua mútua relação. Essa relação se fundamenta na mesma experiência, que é a *experiência do homem*. A compreensão do homem resulta da inter-relação dos dois aspectos da experiência. E essa inter-relação

> serve de base para que possamos edificar sobre o fundamento da experiência do homem (de "os atos do homem") nossa concepção da pessoa e da ação.[5]

3. A gênese da divergência entre as filosofias

A experiência da pessoa humana e a divisão entre seus aspectos, interno e externo, segundo entende Karol Wojtyla, é a raiz do conflito que separa o objetivo do subjetivo e a filosofia do ser da filosofia da consciência. A filosofia do ser privilegia a experiência externa e a filosofia da consciência se volta para a experiência interna. E ambas não conseguem integrar os dois aspectos. Eles só podem ser compreendidos em sua mútua relação, visto a fundamental unidade da experiência. Tarcísio Meirelles Padilha entende que

> aqui radica, a nosso ver, a contribuição marcante de Wojtyla à Filosofia, mormente se atentarmos para sua formação originária, decididamente calcada na tradição aristotélica-tomista. A insuficiência dinâmica da existência no âmbito tomista foi por ele superada, sem que daí decorresse uma ruptura, em que o realismo estrutural do tomismo sofresse irremediavelmente uma rejeição.[6]

Karol Wojtyla quer estabelecer o laço entre a objetividade e a subjetividade do homem. O ser humano, de fato, em sua experiência bifronte colhe a realidade interna e externa de seu eu. A filosofia do ser e a filosofia da consciência, em oposição entre elas, privilegiam um dos polos, reduzindo o real ao objetivo ou subjetivo. Encontramos, no pensamento wojtyliano, a busca da superação da divergência entre as duas correntes do pensamento. Karol Wojtyla adverte, entretanto, que a discordância não se reduz só ao duplo aspecto da experiência ou à dualidade dos dados dessa experiência.

---

[5] *Ibid.*, p. 23.

[6] PADILHA, Tarcísio Meirelles. A filosofia de Karol Wojtyla no diálogo das filosofias, em: *Antropologia e práxis no pensamento*, p. 229.

4. A ação revela a pessoa

A ação é considerada um momento especial para se colher a pessoa. O fato de o homem atuar passa a ser agora *objeto de explicação enquanto ação de uma pessoa*. Somente a pessoa é capaz de realizar uma ação e nenhum outro agente. A ação da pessoa é um fato constado pela experiência. E o ato humano é aquilo que se oferece como base original para o conhecimento da pessoa. Karol Wojtyla pretende ir do ato humano às estruturas fundantes da pessoa. Em seu pensamento, como já foi afirmado, inverte-se a relação no sentido de que a ação pressupõe uma pessoa para a *ação revela a pessoa*. Temos, assim, um binômio indissociável que é pessoa-ato. O ato, de certa forma, é a porta que permite entrar na compreensão da pessoa. Ele revela o que se esconde no homem, porque manifesta a interioridade do ser humano. A pessoa, desta forma, é conhecida a partir de seus atos. A ação é considerada como se dá, de forma imediata, na experiência e na consciência do homem. E a pessoa é entendida como o sujeito responsável e consciente da ação.

A pessoa é capaz de realizar a autorreflexão sobre o próprio agir, que se situa na consciência, e ter a experiência fundamental de que é a fonte das próprias ações. Karol Wojtyla afirma que

> não se trata de uma dissertação sobre a ação em que se pressupõe a pessoa. Temos seguido uma linha distinta de experiência e entendimento. Para nós, a ação revela a pessoa, e vemos a pessoa através de sua ação. A mesma natureza da correlação inerente na experiência, na mesma natureza da atuação do homem, implica que a ação constitui o momento específico por meio do qual se revela a pessoa. A ação nos oferece o melhor acesso para penetrar na essência intrínseca da pessoa e nos permite conseguir o maior grau possível de conhecimento da pessoa.[7]

---

[7] WOJTYLA, Karol. *Op. cit.*, pp. 12-13.

Capítulo II

A PESSOA HUMANA, A CONSCIÊNCIA E A CAUSALIDADE EFICIENTE

1. A investigação da consciência

A consciência é um dos elementos constitutivos e distintivos da pessoa humana. Karol Wojtyla procura discernir a consciência no ato humano, investigando, inclusive, como ela se encontra implícita neste ato. Uma de suas convicções é que a atividade do conhecer não pertence à consciência.

1.1. A consciência e o ato humano

O *ato humano* de Aristóteles e de Santo Tomás de Aquino supõe determinada interpretação da ação. Essa interpretação é realista, objetiva e metafísica, e procede do entendimento geral do ser e da teoria de potência e ato. A forma própria de o homem atuar é o *ato voluntário*, sem o qual se perde a essência da ação humana. O *ato voluntário* distingue a atuação específica da pessoa. O termo *ato* possui estreita relação com uma potência correspondente que diz respeito a uma realidade que pode ser atualizada. O *ato humano* se refere à vontade livre, pressupondo o ser humano como sujeito do atuar. A pessoa humana é entendida como fonte da ação, conforme ensina a filosofia do ser. Enquanto, nesta teoria, a pessoa é pressuposta como a causa da ação, Karol Wojtyla, como se afirmou, exprime um enfoque diferente, visto que, para ele, o agir é a fonte de conhecimento da pessoa. A ação é o dinamismo deliberado e livre do ser humano. Ela implica intenção e premeditação e é atribuída ao homem enquanto pessoa. A atuação, que é consciente, relaciona-se e é característica da vontade livre. Desta forma, o que é voluntário é sinal da consciência.

O *ato humano*, portanto, indica que existe uma potência que a ele corresponde e por ele deve ser atualizada. Essa potência constitui o âmago irredutível da pessoa humana. Esse cerne é sua substância ontológica que se exprime no ato da pessoa. O ato humano, do ponto de vista psicológico, é voluntário, consciente, porque o homem é a fonte da ação. Esses conteúdos da filosofia tomista são conservados por Karol Wojtyla. Ele, entretanto, com seu método, não parte dos pressupostos de potência e ato na análise do agir humano. Procura colher o homem em sua ação e, através dela, chegar à estrutura ontológica da pessoa humana. Na escolástica, o percurso era da causa ao efeito. Nosso autor vai do efeito à causa. Considera a ação como ela se manifesta imediatamente na experiência e na consciência da pessoa.

1.2. A consciência atributiva e a consciência substantiva

Considerava-se, na escolática, a consciência como elemento constitutivo do agir humano, mas não se atentava para o fato de que o ser humano age conscientemente e, ao mesmo tempo, é consciente de seu agir. Esse fato, para os escolásticos, encontrava-se implícito na racionalidade e na vontade livre. Deve-se, portanto, distinguir *atuação consciente* e *consciência de atuar*. A pessoa age conscientemente, tem consciência de que está atuando e de que está atuando conscientemente, o que fica claro a partir do fato de que *consciência* e *consciente* possuem sentidos diferentes. Temos o sentido atributivo, que é o do *atuar conscientemente*, e o substantivo, que é o da *consciência de atuar*. O sentido atributivo indica o dinamismo intencional dirigido para os objetos. A noção substantiva se refere à dimensão reflexiva da consciência. Nosso autor se concentra sobre a dimensão substantiva.

Conforme a interpretação tradicional da ação enquanto *ato humano*, *humano* equivale a *atuar consciente* e *consciência* é entendida como atributivo. Enquanto atributiva, a consciência se equipara com *voluntário*. A consciência, enquanto tal, substantivo e sujeito, pode ser percebida no atuar consciente. É esse aspecto que revela a existência e as ações da pessoa. Na concepção tradicional, em que a consciência é atributivo, o aspecto da consciência enquanto substantiva não é ressaltado. Ele só aparece implícito. Segundo a visão tradicional, a consciência é entendida como algo adicional e subordinada e aparece como que dissolvida nas ações da pessoa e em seu ser de natureza racional. A origem específica do ser e do agir da criatura humana não estava na consciência, ainda que ela existisse e que a pessoa atuasse conscientemente. A consciência se encontrava implícita na racionalidade *(o homem é um animal racional* e *a pessoa é uma substância individual de natureza racional*) e na vontade (apetite racional). A pessoa humana, para o pensamento wojtyliano, atua conscientemente, tem conhecimento de que está atuando e de que é ela quem está atuando. A consciência é, portanto, um aspecto constitutivo da *estrutura dinâmica* da pessoa em ação. A consciência se faz presente na ação antes, durante e depois de ela acontecer. O agir da pessoa encontra-se, desenvolve-se e completa-se na presença da consciência, o que é fundamental para que o ser humano tenha conhecimento de sua ação.

1.3. A consciência e o conhecimento

O sentido da palavra *consciência*, que Karol Wojtyla emprega, não é o dos fenomenólogos. Pode-se afirmar que a função da consciência é cognitiva. Mas essa noção é algo muito geral sobre sua natureza, porque, desta forma, ela parece ser apenas um reflexo, como em um espelho, do que ocorre na pessoa e de seu atuar. Pode-se afirmar que a consciência também tem a função de refletir, porque

> ela é uma reprodução, como em um espelho, de tudo aquilo com o que o homem se encontra na relação externa, através de todas e de cada uma das coisas que faz – também de ordem cognitiva – e de todas as coisas que ocorrem nele.[1]

A consciência, por outro lado, encontra-se vinculada com as faculdades cognitivas, mas não se identifica com elas. Ter consciência de uma coisa vai implicar em uma reflexão ulterior sobre os conteúdos que já foram elaborados pelas faculdades cognitivas. A intencionalidade, característica dos atos cognitivos, não parece emergir dos atos da consciência. Esses atos não são essencialmente intencionais. Pode-se fazer essa afirmação mesmo sabendo que aquilo que é objeto do conhecimento, da compreensão e da percepção da pessoa é, da mesma forma, objeto de sua consciência. Essa, enquanto tal, limita-se a reproduzir, como em um espelho, o que foi conhecido, o que é algo distinto da *objetivação cognoscitiva*. A consciência, segundo nosso autor, não possui intencionalidade. Ele, entretanto, não pretende negar que ter consciência é sempre ter consciência de algo, como pensam os fenomenólogos em geral. Karol Wojtyla afirma que

> a consciência de uma ação é um reflexo que pertence à consciência e não consiste na objetivação nem da ação, nem da pessoa, ainda que leve em si mesma uma imagem fiel da ação e da pessoa.[2]

1.4. A dupla função da consciência

A via de acesso à consciência é a experiência que possibilita que se objetive todo o dinamismo humano. À consciência compete que se forme a experiência da pessoa e permitir a ela experienciar a própria subjetividade. A consciência subjetiva o objetivo. Nela,

[1] WOJTYLA, Karol. *Op. cit.*, p. 39.
[2] *Ibid.*, p. 43.

entretanto, podemos constatar a presença de duas funções. Uma delas revela a criatura humana como pessoa concreta. A experiência do ego fica condicionada por essa atividade. A essa função podemos chamar de reflexiva. Ela se distingue da outra função que chamamos de reflexão. A última possibilita o intelecto se fechar sobre seu conteúdo para conhecê-lo de forma mais elaborada. Ela espelha e permite penetrar o que já foi apreendido pelo intelecto. Luigi M. Rulla entende que essa função possibilita realizar algo

> como manter os objetos e seus significados cognitivos na luz ou no campo atual da consciência.[3]

Não se deve confundir a função de reflexibilidade da consciência com a atividade da mente, em seus atos cognoscitivos, porque essa atividade supõe a intencionalidade. A função reflexiva não é intencionalmente dirigida para os objetos. Ela, inclusive, não transforma nossos atos em objetos de reflexão, porque funciona julgando e refletindo nossa vida consciente, mesmo antes que passemos a fazer dos atos conscientes objetos de reflexão. A função reflexiva permite distinguir o ser sujeito do

> experimentar o próprio eu enquanto sujeito dos próprios atos e experiências.[4]

A consciência, exercendo a reflexibilidade, possibilita a pessoa conhecer seu ato de forma mais adequada e a própria interioridade. É próprio da consciência, como já foi dito, realizar a subjetivação, cujo processo se realiza, adequadamente, pela função reflexiva.

1.5. Os fundamentos ônticos do ego experiencial

O ego experiencial não pode ser separado de seus fundamentos ônticos. O termo *suppositum*, na filosofia tradicional, indicava

---

[3] RULLAS, Luigi M.S.J. *Antropologia da vocação cristã*, p. 177.
[4] WOJTYLA, Karol. *Op. cit.*, p. 55.

só uma realidade totalmente objetiva. Prescindia-se, nesta concepção, de todos os aspectos experienciais e da relação com a experiência da subjetividade. O sujeito manifesta, nessa experiência, a si mesmo *enquanto eu*. A categoria de *suppositum* não comportava a subjetividade. O eu, para Karol Wojtyla, designa uma pessoa concreta e é um termo mais extenso que *suppositum*, porque combina o momento da

> subjetividade experimentada com o da subjetividade ôntica, enquanto o segundo só se refere ao último aspecto.[5]

A subjetividade ôntica designa o ser individual enquanto ele constitui o fundamento da existência e da ação. O dobrar reflexivo da consciência sobre o sujeito real é de importância fundamental. O ego experiencial, se isso não ocorresse, reduzir-se-ia a um conteúdo da consciência. Essa, ao contrário, não absorve o ser concreto da pessoa humana. Sua função reflexiva possibilita que a pessoa se volte para seu interior. Mas, ao mesmo tempo, as dimensões de sua essência racional são mantidas. A consciência permanece em sua união íntima com o ser e o atuar, que se baseia naquilo que é a realidade ôntica *do homem-pessoa concreto*. E ela permite a descoberta da realidade dinâmica daquilo que é a criatura humana *por dentro*. O núcleo ôntico da pessoa aponta que, antes das manifestações de seus dinamismos, existe o sujeito que é, de certa forma, a fonte daqueles dinamismos. Em sua estrutura, inscreve-se o existir como pessoa. É este o motivo pelo qual o homem é o sujeito da atualização de suas potencialidades. Sua unidade, portanto, encontra-se na esfera metafísica. Essa unidade constitui a estrutura das ações da qual surge o plano fenomenológico. A mesma unidade, entretanto, não reduz as múltiplas riquezas da existência humana que são colhidas pela análise fenomenológica.

Rocco Buttiglione afirma que a filosofia moderna dissolve o homem na ação porque ignora que existe um *subjectum* subjacente aos comportamentos individuais. O homem, para o pensamento

[5] *Ibid.*, p. 55.

moderno, reduz-se ao conjunto das ações. A modernidade descobriu a ação. Ela, porém, não tem consciência do sujeito da ação. A vida acontece em nós, mas escapa de nossa responsabilidade. O agir, para Karol Wojtyla, é precedido e fundamentado pelo sujeito. O sujeito é que possibilita a ação. Ele a acolhe e a transcende. Rocco Buttiglione insiste que

> entre fenomenologia e metafísica, Wojtyla estabelece uma relação semelhante à que existe na semiótica médica entre o sintoma e a teoria geral com a qual ele é interpretado. Existem estruturas ônticas da pessoa que não se revelam imediatamente no fluxo da consciência, mas das quais é necessário admitir a existência exatamente para poder interpretar adequadamente o fluxo da consciência.[6]

1.6. A consciência e os valores morais

A função de reflexão da consciência, que se relaciona intimamente com o autoconhecimento, possibilita a aquisição de um conhecimento do bem e do mal, dos quais, em determinadas ações, somos agentes. A função de reflexibilidade, por sua vez, permite-nos experimentar o bem e o mal no ego. É no ego onde o homem tem a experiência do bem e do mal. Ele, assim, experimenta-se como alguém bom ou mau. Só em relação a sua ação, a pessoa experiencia, como seu, o valor moral do bem e do mal. Nosso autor afirma que a consciência não só espelha a experiência por obra do autoconhecimento. E, por outro lado, na consciência, o valor moral se reflete emocional e intelectualmente. Karol Wojtyla afirma, ao mesmo tempo, a objetividade dos valores morais, pela atividade de reflexão da consciência e pelo autoconhecimento, e a subjetividade deles, mediante a função reflexiva da mesma consciência.

---

[6] BUTTIGLIONE, Rocco. Desintegração e transcendência na ação, em: *Antropologia e práxis no pensamento de João Paulo II*, p. 164.

1.7. Os limites da consciência

1.7.1. A consciência depende do autoconhecimento

Saímos do ego para ir à pessoa e voltamos da pessoa ao ego. O objeto de nosso conhecimento deve ser a pessoa humana em seu todo e não só seu ego. E buscamos conhecer o ser humano pela autoexperiencia e mediante o autoconhecimento. A autoexperiencia é a experiência do próprio eu. A autocompreensão, por sua vez, desenvolve-se a partir da autoexperiencia e constitui o conhecimento do eu baseado no autoconhecimento. Pode-se dizer que a consciência é condicionada pela potencialidade cognoscitiva do homem. O conhecimento humano, por outro lado, coopera muito de perto com a consciência. A potencialidade cognoscitiva da pessoa humana, na verdade, permite apossar-se do significado das coisas e incorporá-las, de certo modo, na consciência. Entender é o mesmo que *captar* o significado das coisas, juntamente com suas inter-relações. O entendimento se dá à consciência a partir do exterior. O proceder geral da compreensão ativa não acontece na consciência e nem é realizado por ela.

O autoconhecimento se distingue de outras formas de intelecção. A pessoa, pelo autoconhecimento, compreende o próprio eu e, ao mesmo tempo, realiza uma espécie de atividade cognoscitiva, que tem por objeto o que ela é para si mesma. O autoentendimento deve estar mais em conformidade com a consciência do que outra forma de conhecimento, visto que seu objeto é o ego com o qual ela se encontra em íntima união subjetiva. A autoconsciência e o autoconhecimento, neste ponto, muito se aproximam e, ao mesmo tempo, separam-se mutuamente, porque a consciência não objetiva o ego nem outra realidade qualquer. A objetivação do ego é realizada pelo conhecer-se a si mesmo. Os atos da consciência realizam o contato objetivado do homem consigo mesmo e com suas ações. O autoconhecimento possibilita à consciência refletir as ações e suas relações com o ego.

A consciência, sem se conhecer a si mesma, não possuiria os significados que se referem ao eu da pessoa. Ela existiria como que *suspensa no vazio*. É desta forma que pensam os idealistas modernos. A consciência, para eles, seria o sujeito que produz seu próprio objeto material e ela dispensaria todos os outros fatores que lhe são extrínsecos. Se fosse assim, a consciência criaria a si mesma.

É por causa do autoconhecimento que a pessoa apresenta a si mesma como objeto e se conhece objetivamente. Esse fato leva o conhecer a si mesmo e a consciência a serem, mutuamente, coerentes e coesivos. O autoconhecimento é que abre, então, a consciência ao ego. A pessoa é, aqui, sujeito e objeto. É objeto para o sujeito e permanece com sua significação objetiva, na medida em que é refletida pela consciência. Entender-se a si mesmo, neste sentido, parece ser anterior à consciência. A autocompreensão, ao mesmo tempo, constitui um limite para a consciência. O processo de subjetivação não se realiza sem o autoconhecimento. Ele limita a função de reflexão da consciência e é base para ela. Compreender-se possibilita à pessoa ter conhecimento do próprio eu e das ações relacionadas com ele. O objeto do conhecer-se a si mesmo é o ego concreto, único e individual. Realiza-se uma separação entre o que se conhece do ser humano em geral e o próprio autoconhecimento que pode produzir-se antes do conhecimento do homem universal. O conhecimento do homem em geral fornece, por seu lado, elementos para a compreensão do próprio eu. A pessoa, no ego, sempre descobre novos materiais para se conhecer, visto que o *indivíduo é inefável.*

O autoconhecimento é a intelecção de um particular e não de um universal. Trata-se, todavia, daquele particular que é o eu, um verdadeiro *microcosmo*, no qual se reflete o *macrocosmo*. O autoconhecimento tem como base dados reais exteriores à consciência. Ela é um dos objetos que são conhecidos quando se conhece a si mesmo. Conhecer-se a si mesmo, apesar de estar intimamente ligado à consciência, ultrapassa seus limites.

1.7.2. A emoção pode obscurecer a consciência

A atuação consciente da pessoa humana depende, inclusive, de seu elemento psíquico. Este elemento pode provocar alterações na consciência. O ser humano não só pensa, mas também sente. A emocionalização da consciência ocorre quando o elemento emotivo passa a influenciar a *consciência do atuar*. A emoção mescla-se com as funções de reflexão e reflexibilidade e modifica o caráter de ambas. O resultado disso é que a consciência se priva de seu distanciamento da emoção e dos objetos com os quais a emoção se encontra vinculada. Os sentimentos, então, dominam a inteligibilidade da pessoa humana e a autoconsciência se interrompe. A consciência perde a atitude objetiva frente às emoções, visto que a objetivação se deve ao autoconhecimento. Esse fenômeno ocorre conforme a força e a intensidade das emoções, conforme sua variabilidade e rapidez com que se sucedem uma às outras e conforme a maior ou menor eficácia do autoconhecimento. É necessário, por outro lado, certo nível na intensidade das emoções para o funcionamento normal da consciência. Se sofrer, porém, uma hiperemocionalização, ela perde o aspecto significativo dos acontecimentos como *algo que ocorre em mim*. Se a intensidade das emoções aumenta, a compreensão de si mesmo perde gradativamente sua efetividade e a consciência continua a refletir como *algo que ocorre* na pessoa. Ela o faz, entretanto, como se houvesse perdido sua relação com o ego, que é seu núcleo. As emoções, na forma extrema de emocionalização, impõem-se no campo da consciência, cujo processo de refletir essas emoções continua sem o elemento de objetivação, porque ele não é mais fornecido pelo autoconhecimento. A pessoa, neste ponto, é consciente de suas emoções, mas já não mais as domina. As emoções e as paixões, quando muito intensas, não são experienciadas pelo ser humano. Ele as sofre e

> elas prevalecem nele como algo primitivo e impessoal, já que "pessoal" significa somente aquela experiência na qual se distingue também a subjetividade experimentada pelo ego.[7]

É necessário que as emoções permaneçam em determinado nível para que ocorra a experiência emotiva pessoal. As emoções

---

[7] WOJTYLA, Karol. *Op. cit.*, p. 68.

fortes, às vezes, podem ser controladas pela consciência. O controle específico delas é, porém, realizado pela vontade e pelas virtudes morais. A ação moral, desta forma, torna-se possível. O conhecimento de si mesmo, aqui, é fundamentalmente decisivo, visto que ele deve contribuir para que a emocionalização da consciência não se intensifique excessivamente.

1.7.3. A consciência não é independente

Karol Wojtyla afirma que a consciência não é uma realidade independente e autossuficiente. O idealismo moderno está equivocado, porque entende a consciência como um sujeito autônomo, absoluto. Ela é, para o idealismo, o sujeito único de todos os conteúdos que se reduzem à expressão de seu fazer. A consciência, para o pensamento wojtyliano, não absorve a pessoa. Conforme os idealistas desta última modernidade, *ser* é o mesmo que estar constituído pela consciência e não existe nenhum ser fora dela. Nosso autor, entretanto, afirma que a consciência constitui uma dimensão da pessoa, do homem real e concreto. Ele declara que

> a consciência enquanto tal não existe enquanto sujeito "substantivo" dos fatos de consciência; não existe nem como fator independente, nem como faculdade.[8]

A consciência, entendida como um aspecto do homem-pessoa, contribui para se compreender melhor a subjetividade dele. Se absolutizada, perde-se a intelecção dessa subjetividade. A pessoa humana deixa de ser entendida como o sujeito de suas ações porque a consciência se transmuda no substituto do sujeito, visto que o subjetivismo entende a consciência

> em si mesma como um sujeito total e exclusivo, sujeito de experiências e valores, na medida em que se trata da experiência moral. Por desgraça, com esta concepção, as experiências e os

[8] *Ibid.*, p. 42.

> valores perdem sua condição de realidade; deixam de ser algo real e se convertem unicamente em um momento da consciência: esse = percipi. Em último termo, a própria consciência deixa de ser algo real, converte-se simplesmente em sujeito de conteúdos mentais. O caminho do subjetivismo conduz ao idealismo.[9]

A subjetividade é inerente à pessoa em ação. A subjetividade da pessoa humana se manifesta juntamente com a análise da consciência, enquanto o subjetivismo se põe como *atitude mental*. A subjetividade implica o realismo, porque a pessoa é sujeito e assim ela se experimenta. O sujeito, aqui, é entendido no sentido fenomenológico, porque essa intelecção se origina da experiência, sem a necessidade de intermediários. O subjetivismo parece entender que se realiza uma separação entre a experiência e a ação. Os valores morais, ao mesmo tempo, são reduzidos a mero conteúdo da consciência. Absolutiza-se o aspecto da consciência, que caracteriza a *atitude mental* do subjetivismo e, mais remotamente, do idealismo. A consciência é somente a chave da subjetividade e não pode servir de base para o subjetivismo. Ela é, na subjetividade humana, o que condiciona a experiência, na qual o ego, experimentalmente, revela a si mesmo como objeto.

A consciência, portanto, com suas duas funções, possibilita que compreendamos internamente nossas ações e que percebamos a dependência dinâmica delas na pessoa. E permite que experienciemos essas ações como dinamismos pertencentes a nós. A consciência, desta maneira, subjetiviza o mundo intencional e objetivo da pessoa. A função reflexiva origina a subjetividade da pessoa. Ela possibilita que a pessoa se experimente como sujeito, enquanto a função de reflexão permite que a pessoa espelhe, retome e aprofunde conteúdos já conhecidos. A consciência, assim entendida, é condição da ação voluntária. A pessoa pode, com ela, distinguir o agir de forma consciente da *consciência do agir*. A consciência oferece a condição ao ser humano de agir conscientemente, de ter consciência de agir e de experimentar-se como fonte da ação. Ela

[9] *Ibid.*, p. 72.

possibilita à pessoa humana experienciar os valores do bem e do mal como algo dele mesmo. Conforme Luigi M. Rulla, para Karol Wojtyla, o ato consciente põe

> o homem e a ação humana no contexto de valores e de ética, antes de considerar uma qualidade moral acrescentada, derivada da conformidade com regras ou com normas.[10]

A ontologia e a ética, conforme o pensamento wojtyliano, encontram-se radicalmente unidas, porque o executar da ação já é um valor fundamental da pessoa. O valor personalista de um agir, entretanto, não se identifica com seu valor ético, embora aquele preceda e seja condição deste.

Karol Wojtyla considera que a consciência não constitui os objetos da experiência. Ela se limita a espelhar e a subjetivizar o que já foi conhecido pela pessoa. A consciência, portanto, não co nstitui o ser, conforme quer o idealismo moderno.

1.7.4. A consciência depende da verdade

Quando se fala da natureza racional da pessoa, afirma-se sua capacidade de livre submissão à verdade. A criatura humana possui a capacidade, arraigada em sua potencialidade de ser pessoal, de distinguir a verdade da falsidade moral. A mente, como função principal, avalia e distingue o que é verdadeiro do que é falso. Ela permite à pessoa humana os mais vivos, reais e amplos contatos com a realidade, ao mesmo tempo em que possibilita o domínio do ser humano sobre os objetos que ele conhece. Karol Wojtyla afirma que

> a consciência do homem tem, indubitavelmente, caráter mental; mas ainda assim sua função própria não consiste unicamente em buscar a verdade e distingui-la da falsidade, pois isto pertence ao juízo. A consciência, em sua função de reflexão, obtém seus

---

[10] RULLA, Luigi M. *Op. cit.*, p.121.

> conteúdos significativos dos processos ativos intelectuais e práticos que estão dirigidos em direção à verdade. Desta maneira, ela tem relação com a veracidade e, por isso, a consciência, em sua função reflexiva, condiciona a experiência da verdade. Mas (...) nem o conhecimento, nem a valoração e nem a compreensão, ativas da verdade, constituem a função própria da consciência.[11]

A pessoa não se limita a refletir os objetos, mas possui ascendência sobre eles, o que é obra da verdade enquanto valor. A persistência de uma ação no ser humano, resultante do valor moral dessa ação, depende e deriva da consciência. O papel da consciência é o de experienciar a veracidade e o dever. O juízo, como função da consciência, manifesta-se como a fase final dessa função. A investigação da verdade constitui a primeira etapa desse processo. Vêm, em seguida, a certeza e a conversão ao juízo. A consciência pode titubear e se equivocar em seu relacionamento com a realidade do bem, o que indica, portanto, que ela deve relacionar-se de forma íntima com a veracidade. É a consciência mesma, porém, que possibilita a experiência subjetiva da mesma veracidade. Constata-se também a experiência da certeza, da incerteza, da má-fé, ou a consciência errônea. O esforço da consciência, portanto, não é o da investigação teórica. Essa função é da inteligência que aspira à verdade no mundo dos valores. A pessoa, por outro lado, só experimenta a transcendência e se realiza na medida da veracidade da consciência. Karol Wojtyla escreve que

> sem a verdade (ou quando não se está em contato com ela), fica impossível perceber e interpretar corretamente a consciência ou, em termos mais gerais, todo o sistema específico da função e da ordem moral. Isto se aplica essencialmente às normas da moralidade, na medida em que são elas que estão a serviço da execução da ação e da realização do ego pessoal (...).[12]

[11] WOJTYLA, Karol. *Op. cit.*, p. 184.
[12] *Ibid.*, p. 188.

A união da veracidade e do dever, união que se revela como *poder normativo da verdade*, é alcançada na consciência. A pessoa humana, em suas ações, testemunha a passagem do *é* ao *deve*. Dessa forma, se x é bom, devo fazer x. A ética é entendida, portanto, como *classificação filosófica da conduta ou como sabedoria*. A ética deve, como sua principal missão, fundamentar as normas da moralidade. Ela contribui, assim, para que a veracidade da consciência humana seja estabelecida. A consciência, por seu lado, distingue, libera e dá um sentido de dever ao bem moral, na ação. O sentido do dever é a experiência que se refere à verdade moral, e a liberdade da pessoa se subordina a essa verdade. Submeter, por convicção, as ações à verdade conhecida constitui a função plena da consciência. Essa sujeição implica que a autodeterminação ou a vontade se submeta ao autêntico bem. A consciência, portanto, constitui uma esfera normativa que se encontra no interior da pessoa. Ela, entretanto, deve vincular-se intimamente com a verdade, sob pena de se desencaminhar para o subjetivismo ético.

1.7.5. A consciência não origina a própria lei

A consciência, ao contrário do que pensava Kant, não produz suas próprias leis. Este poder identifica-se com a ideia de autonomia e, em certo sentido, com o poder ilimitado da pessoa humana. A função da consciência não é legislar, criar normas. O que ela faz é descobrir essas normas na esfera objetiva da moralidade ou da lei. Afirmado o contrário, o que resulta é o individualismo arbitrário e o risco da destruição da harmonia ôntica e ética do ser pessoal, visto que

> a rejeição da lei natural na ética conduz a consequências semelhantes. Ao mesmo tempo, devemos reconhecer que, do ponto de vista da experiência integral do homem, enquanto pessoa, a função da consciência não pode ser reduzida a uma dedução ou aplicação mecânica de normas, cuja veracidade reside em fórmulas abstratas (...).[13]

[13] *Ibid.*, p. 192.

A consciência possui um papel criativo. Este papel se refere à veracidade das normas. A moralidade ou a lei possui um núcleo objetivo que é constituído por *princípios de atuação e conduta*. A criatividade da consciência supera o mero reconhecimento da lei. O sentido da obrigação, portanto, não se reduz a uma obediência passiva. A experiência do que é veraz precede e integra a experiência da retidão. A experiência da veracidade se encontra no acatamento de uma norma que se baseia no poder da *convicção subjetiva*. A criatividade da consciência é interna e se aplica ao atuar. Ela permite às normas adquirir aquela forma que é única na experiência e na realização da pessoa.

2. A investigação da causalidade eficiente

2.1. A ação livre e o *ocorrer*

Encontramos duas linhas fundamentais no dinamismo próprio do ser humano, que são o *atuar* e o *ocorrer*. Elas se opõem mutuamente. O *atuar* corresponde à atividade e o *ocorrer* à passividade. Essas linhas são opostas, mas se condicionam, determinam-se e distinguem-se. A pessoa, nas duas estruturas, permanece como *sujeito-dinâmico*. Elas manifestam de diferentes formas o dinamismo do homem. Ambas têm o ser humano como fonte, cujo dinamismo dele permanece em sua unidade. A ação, entretanto, continua a ser algo diferente na criatura humana e em suas demais manifestações dinâmicas.

Constatam-se, por outro lado, duas formas diferentes de passividade, a que *ocorre no homem* e a que *ocorre ao homem*. Conforme a fala usual, nem sempre há uma distinção entre as duas formas. A passividade, propriamente dita, acontece quando algo vem do exterior. O homem, aqui, é um objeto que padece de um sujeito ou força. Essa forma de passividade difere-se do dinamismo interno do homem-sujeito e do *ocorrer*.

Retorna-se aqui à teoria de potência e ato. Eles estão intimamente vinculados e um é indispensável para se entender o outro.

Temos, então, uma espécie de congregação dialética entre potência e ato. Potência é *algo que é, mas não é*. Constitui uma espécie de realidade em preparação. O ato é compreendido como a atualização da potência, sua realização. As transições de um para o outro

> objetivam a estrutura do dinamismo inerente ao ser, ser enquanto tal, que constitui a matéria propriamente dita da metafísica, e ao mesmo tempo a todos e a cada um dos seres, prescindindo do ramo do conhecimento humano que se ocupa especificamente deles.[14]

Nesse ponto da metafísica, fundem-se, portanto, todas as raízes do conhecimento; e a experiência que a pessoa faz de ser a autora e a causa eficiente do ato constitui a passagem da potência para o ato. O ato humano implica a atualização da potência. O conceito de ato, portanto, possui significado existencial. A passagem da potência ao ato é um movimento na existência. Esse devir, entretanto, é relativo porque se baseia em um ser que existe anteriormente e tem como ponto de partida o interior da estrutura daquele ser preexistente. Potência e ato são duas formas de existência que se relacionam e não duas entidades. O ato é a transição da potencialidade à realização e não só a potência realizada. O conceito de ato, que se aplica ao dinamismo de todo o ser, contribui para se entender que ele, o ato, constitui o conteúdo dinâmico do *atuar* e do *ocorrer* no ser humano. O ato constitui a atualização de uma potência. Naquilo que constitui a estrutura ontológica do ser humano, encontra-se marcado o simples existir e o existir como ser pessoal. É por isso que ele é sujeito da atualização de suas potencialidades. Sua unidade se encontra no âmbito da metafísica. Temos, então, a estrutura das ações de onde surge a esfera fenomenológica.

2.2. A experiência da eficácia na ação livre

Karol Wojtyla conserva a distinção entre *ato humano* e *ato do*

[14] *Ibid.*, pp. 78-79.

homem. A ação da pessoa se diferencia das outras atualizações que ocorrem no homem. Mas, como a ação é ato do ser humano, é necessário distinguir quando o *ato do homem* não é ação.

A experiência da diferença entre o *atuar* e o *ocorrer* se dá pela eficácia. A eficácia constitui a experiência de ser o eu que atua. Essa experiência da eficácia

> distingue a ação do homem de tudo aquilo que unicamente ocorre no homem. (...) Ao atuar, tenho a experiência de mim mesmo enquanto agente responsável desta forma concreta de dinamização de mim mesmo enquanto sujeito. Quando há algo que ocorre em mim, neste caso o dinamismo se comunica sem a participação eficaz de meu ego.[15]

A eficácia objetiva se correlaciona com a experiência do ser eficaz, o que não anula a existência de uma causa, quando o ego não se experiencia como eficaz. O autor da ação, na eficácia, experiencia que ele está na origem do atuar. Ser causa consiste em dar origem, em manter a existência, o devir e o ser de um efeito. A pessoa e a ação exprimem uma *relação experiencial causal*. O ego humano concreto se experimenta e reconhece que sua eficácia é que produz a ação. O agir a ele pertence, o que implica em responsabilidade. A ação humana é a única experiência completa da causa eficiente aristotélica.

Encontramos, na pessoa que age, ao mesmo tempo, a imanência e a transcendência. Ela se experiencia como autora da ação, manifestando a capacidade de autotranscendência. A pessoa, por outro lado, encontra-se plenamente comprometida na atuação. Realiza-se a síntese entre o *ego eficaz* e o *ego que atua*, o que constitui a síntese da pessoa e da ação, sem que as diferenças entre elas sejam obscurecidas. A experiência integral da pessoa humana indica que somente ela é capaz de realizar uma ação.

Encontramos, no ser humano, a presença de ativações, quando ele não tem experiência da eficácia. Durante a ativação, algo ocorre no homem e esse fenômeno emerge de seu dinamismo. A ideia de ativação

---

[15] *Ibid.*, pp. 81-82.

é mais empregada pelas ciências naturais. Ela ajuda entender a diferença entre o fato de a pessoa atuar e aquilo que nela ocorre. O momento da criatividade, por sua vez, relaciona-se por ocasião da eficácia.

A atuação é uma obra criada pela pessoa. A característica da atuação se manifesta especialmente na moralidade, porque essa só existe no agir humano, e ambas, a atuação e a moralidade, estão vinculadas à eficácia.

2.3. O sujeito como suporte ôntico da ação

A pessoa humana tem a experiência de si mesma, enquanto atua, e, como sujeito, quando algo ocorre nela. Experiencia a si mesma, por outro lado, como autora do agir. A subjetividade tem relação estrutural com aquilo que ocorre no ser humano. A eficácia, por sua vez, encontra-se em relação estrutural com sua atuação. Durante o agir, é o ego que dinamiza o sujeito. A subjetividade parece indicar algo oposto, visto que é como se o ego se encontrasse debaixo da dinamização dele mesmo. Aquele que atua, entretanto, é simultaneamente aquele em quem algo ocorre. A unidade e a identidade da pessoa humana, raízes do *atuar* e do *ocorrer*, da eficácia e da subjetividade, entretanto, permanecem.

O sujeito é o último fundamento ôntico da ação. Existe, de fato, um fator subjacente implicado na subjetividade que se encontra na atuação e naquilo que ocorre no homem. Sem esse fator ôntico, a própria subjetividade se tornaria inviável. Karol Wojtyla refere-se aqui ao *suppositum*, aquilo que se encontra subjacente e que indica que é a pessoa que se encontra por debaixo de todas as suas ações e de tudo o que ocorre nela, da subjetividade e da eficácia. Pode-se afirmar que

> o sujeito, enquanto ser, está por debaixo ou serve de suporte de toda a estrutura dinâmica, de tudo o que se faz ou ocorre, de toda a eficácia e subjetividade. É um ser real, o homem-ser que existe realmente e, portanto, que também atua realmente.[16]

[16] *Ibid.*, p. 89.

Existe, portanto, uma íntima relação entre a essência e a atuação. Esse vínculo se manifesta como fundamental entre as intelecções do ser humano. A existência, de fato, antecede à ação. O existir encontra-se na origem de todo o dinamismo do homem. Sem a existência, a pessoa não agiria e nada nela ocorreria. O ser humano, por outro lado, deve identificar-se com seu suporte ôntico. A pessoa é um homem entendido de forma concreta. O concreto significa ser único ou individualizado. Os conceitos *natureza racional* e *individualização* não expressam de forma plena o conceito de pessoa, porque, na prática, pode-se substituir *pessoa* por *alguém*. E *alguém* é diferente de *algo*. O ser pessoa, que é *alguém*, pode ser identificado com seu suporte ôntico. A pessoa, todavia, possui uma estrutura ôntica própria e se distingue de todo o mundo visível. A síntese, no ser pessoal, entre o *atuar e o ocorrer* se faz no suporte ôntico, que é base e fonte do dinamismo do homem-pessoa. O ser humano, por isso, é sujeito e agente do atuar, tendo a experiência de si mesmo como autor e sujeito.

2.4. A integração da pessoa e a natureza

O estudo do suporte ôntico conduz à análise do sujeito que atua. Procura-se chegar, então, às raízes mais profundas do dinamismo da pessoa. Visam-se, mais particularmente, as raízes da eficácia. É a eficácia a chave para se entender a relação da pessoa com a ação. A pessoa, com seu suporte ôntico, é o sujeito da existência e do dinamismo do ser humano.

O termo *natureza* indica, literalmente, tudo o que nascerá ou aquilo que se encontra no fato do nascimento como algo possivelmente consequente. O termo, em alguns casos, é usado como *essência* quando passa a indicar alguma propriedade de um determinado sujeito. Temos, então, *natureza vegetal, natureza animal, natureza humana.* A natureza, entretanto, não deve ser identificada com o suporte ôntico de um ser, porque ela não identifica um sujeito real na existência e no atuar. A noção de natureza unicamente pode ser usada para um sujeito abstrato. Temos, assim, que a natureza humana constitui a característica comum de todos os seres humanos. Ela é que faz o homem ser homem e não outro ser. Nascer é algo dinâmico e assinala o início do dinamismo daquele sujeito que se encontra no processo de nascer. O início da existência se manifesta com o nascimento. A existência contém a dinamização fundamental e inicial. Esse dinamizar é fonte de todo o futuro dinamismo. O nascimento, na pessoa humana, trará como consequência a síntese do *atuar* e do *ocorrer*.

Existem aqueles que, como pensava Kant, vêem uma oposição entre a natureza e a pessoa. A natureza se manifestaria de forma essencial e plena no *ocorrer* mais do que no *atuar*. Ela não é base das ações próprias da pessoa. A pessoa é entendida como algo diferente e, até certo ponto, oposta à natureza. O ser humano se vê dividido entre o mundo da natureza e o da pessoa.

A experiência integral do ser humano, todavia, oferece provas que indicam a unidade e a identidade da pessoa que é, ao mesmo tempo, sujeito. O homem-sujeito é acompanhado pela síntese do *atuar* e do *ocorrer* e essa síntese se fundamenta na existência de um único suporte ôntico, presente no homem concreto. Karol Wojtyla considera que não há razões válidas para se aceitar a oposição entre natureza e pessoa. Ao contrário, sua integração se faz necessária. Referindo-se a esse problema, nosso autor considera que a abordagem fenomenológica e a metafísica não apresentam contradição mútua. A natureza pode ser aceita como aquilo que realiza a unidade dinâmica da pessoa. A natureza é integrada no *suppositum*, o que é confirmado pela experiência, que é uma extensão do experienciar a unidade e a identidade do ego. Essa experiência se distingue, mais fundamentalmente, daquela que nos permite distinguir entre o *atuar* e o *ocorrer*, entre eficácia e ineficácia do eu. A pessoa possui sua causalidade, o que se manifesta mediante a experiência da eficácia e do ego concreto.

A natureza, metafisicamente entendida, é considerada como equivalente à essência de qualquer ser, se entendida a essência como fundamento do dinamismo do ser. A natureza é uma propriedade básica do sujeito que age. A existência, por sua vez, tem prioridade à ação, visto que é necessário antes existir para depois agir. A existência, assim, distingue-se da ação. A natureza, por outro lado, no sentido fenomenológico, indica o momento *específico na dinamização do sujeito*. É real a distinção entre o ser humano existente e o homem que atua, mesmo quando se trata da mesma pessoa. O atuar é consequência e efeito do existir da criatura humana. Se a atuação é consequência ou continuação da existência do ser humano, temos

> uma coesão específica entre o processo de atuação e o sujeito que atua. (...) Com terminologia mais ampla e precisa, podemos dizer que a natureza constitui a base da coesão essencial do sujeito do dinamismo com todo o dinamismo do sujeito.[17]

Rejeita-se, então, a concepção de que *natureza* indica só um momento e uma modalidade da dinamização do sujeito. A coesão é confirmada pela experiência. Ela acontece no *atuar* e no *ocorrer*. A coesão se fundamenta naquela natureza humana que perpassa todo o dinamismo do homem. A integração da natureza, na pessoa, não se reduz a individualizar a mesma natureza, porque a pessoa não se limita a ser a humanidade que se individualizou. A pessoa humana, entre outros seres visíveis, é um ser individual pertencente, de forma exclusiva, à humanidade, porque a única forma de ser do gênero humano é a forma pessoal. É a natureza humana a base da coesão do homem-sujeito. Essa natureza é algo inerente ao sujeito que é uma pessoa. Consequentemente, todas as formas de dinamização do sujeito, seja o *atuar* ou o *ocorrer*, que estejam relacionadas com a humanidade, com a natureza, devem ser, por sua vez, pessoal. A integração da natureza humana, na e pela pessoa, resulta na integração do dinamismo, que é próprio do homem, da pessoa.

A natureza humana contém propriedades que possibilitam ao homem concreto ser e atuar como pessoa e não o permitem ser e atuar de forma diferente, visto que o resultado seria o impedimento da pessoalização. O *atuar* e o *ocorrer* são humanos na medida em que procedem da humanidade do homem, da natureza humana, do interior da pessoa.

---

[17] *Ibid.*, p. 92.

2.5. A potencialidade, o dinamismo e a consciência

A potencialidade para a ontologia corresponde, na fenomenologia, ao dinamismo. Potência e dinamismo são realidades convergentes. Enquanto o dinamismo consiste no agir e no acontecer, a potencialidade é o que se encontra subjacente àquela estrutura. O dinamismo do sujeito se origina de sua potencialidade. A potencialidade implica na existência de determinadas forças no sujeito. Parece que existem potencialidades distintas nas raízes da ação e da ativação, da atividade e da passividade, do *atuar* e do *ocorrer*.

As realidades psicoemotiva e somavegetativa são dois níveis do dinamismo e da potencialidade da pessoa humana. Neles, o ego, e sua subjetividade, tem a experiência de si mesmo como sujeito e não como autor. Aquilo que acontece no âmbito psicoemotivo se reflete claramente na consciência. O que ocorre na área somavegetativa, por sua vez, parece que é inacessível à consciência e não é conhecido em conjunto pela pessoa. Esse dinamismo se encontra vinculado ao corpo, na proporção em que ele constitui o organismo. As funções psíquicas, por sua vez, são condicionadas por esse dinamismo, enquanto ele se refere ao corpo. A pessoa, por outro lado, tem conhecimento do corpo, o que indiretamente a leva a conhecer seu organismo. O ser humano, todavia, não possui consciência direta e com detalhes de seu organismo. Somente pelas sensações ele toma consciência do que acontece em seu mundo orgânico. As chamadas sensações corporais parecem basear, em grande parte, a experiência global e a consciência do corpo.

A potencialidade antecede à consciência. A prioridade da potencialidade, em relação à consciência, também no nível emotivo, deve ser levada em consideração. Há no dinamismo humano a esfera acessível à consciência e aquela que não o é. A realidade do subconsciente, portanto, pode ser introduzida nesta investigação antropológica. Pode afirmar-se que

> o subconsciente, tal como se denomina nas investigações da psicanálise, designa uma fonte do conteúdo da experiência humana distinta da fonte que alimenta a consciência.[18]

Karol Wojtyla declara que o subconsciente se refere à potencialidade do sujeito humano. A compreensão da pessoa humana, por outro lado, seria impossibilitada, no que se refere a seu dinamismo, se nos baseássemos exclusivamente na consciência. Ela, sozinha, não compõe a estrutura do dinamismo do homem. O subconsciente exprime uma relação com o dinamismo e com a potencialidade humanas. Ele é como

> um espaço interior, onde jogamos alguns objetos ou onde eles são retidos para que não cheguem ao umbral da consciência.[19]

A expulsão, ou a retenção, indica que a subconsciência está controlada, inclusive, por leis de um dinamismo específico, porque alguns elementos se veem obrigados a superar o umbral, antes de chegar à consciência, e a penetrar no processo da experiência. Estão, antes, no estado de subexperiência.

Esse umbral da consciência nem sempre exerce o papel controlador ou de censura. Os elementos reprimidos permanecem dinamicamente no sujeito. Eles emergem, na consciência, em situações que lhes são favoráveis. A subconsciência é uma espécie de depósito, no qual o que se encontra contido no sujeito aguarda para poder ascender à consciência. Quando isso acontece, o que estava contido no sujeito ganha um sentido que é integralmente humano. Karol Wojtyla entende que as potencialidades da pessoa humana devem ter uma conexão com a consciência. Caso contrário, o inconsciente seria apenas uma negação do consciente e não constituiria um fator da estrutura do sujeito humano. Nosso autor distingue subconsciente e inconsciente. A esfera biológica origina

[18] *Ibid.*, p. 111.
[19] *Ibid.*, p. 111.

o primeiro e a repressão faz surgir o segundo. O que pertence ao âmbito psicoemotivo consciente constitui aquilo que é acessível à consciência. O inacessível à consciência se constitui pelos elementos somavegetativo e psicoemotivo inconsciente. O inconsciente que Freud e, geralmente, a psicologia do profundo analisam é o último subconsciente referido.[20]

Podemos, portanto, distinguir três dinamismos que indicam as ativações que existem na pessoa humana. Constatamos o dinamismo vegetativo, que se relaciona com o funcionamento corporal, e o dinamismo psicoemotivo, que engloba as emoções e as paixões. Temos, também, o dinamismo específico da pessoa, que se manifesta na experiência que o homem tem de ser causa eficiente de suas ações. Os três dinamismos se inter-relacionam de forma contínua no agir da pessoa humana e emergem desigualmente na consciência. Os elementos do subconsciente procuram aflorar na consciência, o que demonstra que as potencialidades humanas culminam hierarquicamente na consciência. O domínio da consciência sobre os elementos da subconsciência constitui uma das principais tarefas da educação e da moralidade. Os dinamismos subconscientes, para tanto, então, devem ser integrados no todo pessoal e não reprimidos.

2.6. A pessoa humana e o devir

O devir é o aspecto do dinamismo humano centrado na pessoa. O sujeito, nas dinamizações, é transformado por elas. Chegar à existência equivale ao primeiro devir do ser humano. Pode-se afirmar que,

> ao começar a existir substancialmente, o homem muda em um ou outro sentido com todas as suas ações e com tudo o que ocorre nele; essas formas do dinamismo, próprias dele, fazem algo e, ao mesmo tempo, por assim dizê-lo, fazem-no alguém. Toda a análise do dinamismo humano deve revelar este devir.[21]

[20] Rulla, Luigi M., S.J. *Op. cit.*, p. 125.
[21] Wojtyla, Karol. *Op. cit.*, p. 116.

O devir acontece nos dois níveis da criatura humana, que são o somavegetativo e o psicoemotivo, e em suas potencialidades correspondentes. De fato, no passar da vida, o organismo humano sofre mudanças facilmente constadas. O devir, que acontece nas esferas somática e psíquica, está sujeito a certa passividade da pessoa e se relaciona com o que *ocorre* no ser humano. Sua causalidade, entretanto, encontra-se na própria natureza e não na eficácia da pessoa. Existem diferenças quanto à forma que o *soma* e o *emotivo* acolhem a interferência consciente. O organismo humano determina, quase que completamente, seu próprio desenvolvimento. Ele recebe do ser humano somente as condições para que se desenvolva. A esfera psicoemotiva, por sua vez, obtém do ser humano os elementos para seu desenvolvimento e direção. A pessoa tem o papel principal para a formação dessa esfera, sendo que essa apenas trabalha secundariamente com o material de seu desenvolvimento. Quanto ao âmbito especificamente pessoal, o atuar consciente da pessoa pressupõe a eficácia. O fruto da eficácia é a moralidade não abstrata, mas concebida de forma existencial. As ações do homem o fazem bom ou mau, no sentido moral. O devir humano, na esfera moral, é elemento fundamental para se determinar a realidade da bondade e da maldade dos valores morais no atuar da pessoa. O devir da criatura humana se manifesta por suas ações boas ou más. A qualidade moral dessas ações depende da norma moral e da consciência. A qualidade moral das ações se imprime na própria pessoa, porque é ela a autora da ação. Ela torna-se boa ou má como consequência dos valores afirmados ou negados em seu agir.

Põe-se, aqui, o problema da liberdade. Ela aparece mesclada com a eficácia e constitui um fato decisivo para o atuar humano. A eficácia e a liberdade determinam a atuação e sua bondade ou maldade moral. Karol Wojtyla escreve que

> essa liberdade aparece perfeitamente refletida na experiência do ser humano, que se resume na frase "poderia, mas não é necessário". Não se trata tanto do conteúdo da consciência unicamente quanto de uma manifestação e atualização do dinamis-

mo próprio do homem. Este dinamismo está na linha do atuar e, seguindo esta linha, converte-se em parte da eficácia do ego pessoal, mas continua sendo distinto de tudo o que unicamente ocorre no homem.[22]

2.7. O agir e a autotranscendência

Encontramos dois tipos de autotranscendência, que são o horizontal e o vertical. A autotranscendência horizontal designa o fato de um sujeito ir além de seus limites em direção de um objeto. A autotranscendência vertical é resultante da estrutura de autogoverno e autoposse da pessoa. O sujeito, aqui, vai além de si mesmo e não simplesmente *transcende* até algo. Ser livre, ao atuar, não se deve unicamente ao direcionamento intencional, como acontece nos atos de volição em direção a algum objeto. Um dos significados de *transcendência* tem a haver com a filosofia do ser e se expressa em ideias gerais como os transcendentais. As ideias de ser, de verdade, de bem e de beleza se incluem nos chamados transcendentais. Outro significado se refere à filosofia da consciência. É para essa corrente do pensamento que *transcendência* significa tender para fora e para além do sujeito. Conforme a transcendência vertical,

> o homem manifesta-se a si mesmo enquanto pessoa, isto é, enquanto estrutura sumamente específica de autogoverno e de autopossessão. Através de e em sua atuação, através de e em sua ação, vemos a pessoa nessa estrutura tão específica. Por isso, a pessoa e a ação constituem, juntas, uma realidade intimamente coesa e dinâmica, em que a ação é a manifestação da pessoa e da ação.[23]

2.7.1. A vontade humana e a autodeterminação

A vontade, na autodeterminação, é uma propriedade da pessoa. Não é a vontade que se manifesta pela pessoa ou na pessoa. Na ver-

[22] *Ibid.*, p. 119.
[23] *Ibid.*, p. 208.

dade, é a pessoa que se revela na vontade. A vontade se manifesta como propriedade da pessoa e a pessoa como realidade relacionada com seu dinamismo constituído por meio da vontade. Karol Wojtyla chama essa relação de *autodeterminação*. A autodeterminação se vincula com o devir da pessoa que possui natureza específica e identidade ôntica autônoma. A autoposse é uma característica exclusiva da pessoa. A relação da pessoa com Deus, enquanto sua criatura, não compromete em nada a autoposse interior.

Essa autodeterminação é fundamentada na autopossessão porque, autopossuindo-se, a criatura humana, então, autodetermina-se. Pode-se declarar que, em todo *eu quero* autêntico, a vontade torna real a autopossessão. Essa, por sua vez, resulta outra relação, muito vinculada à vontade, que é o autogoverno com que a pessoa rege a si mesma. Karol Wojtyla distingue autogoverno de autocontrole. Este é uma das forças ou uma das virtudes da pessoa. O autogoverno, entretanto, permite a ela governar a si mesma, não constituindo exclusivamente uma capacidade de se controlar.

O autogoverno e a autopossessão convergem para se realizar em autodeterminação, ato esse que é constituído pelo autêntico *eu quero* do ser humano. Essa capacidade não se comunica. Os seres não pessoais, por seu lado, não possuem vontade livre. O dinamismo deles se processa no nível exclusivo da natureza. Os diversos dinamismos do ser humano são integrados pela autodeterminação, na qual a vontade é, primeiramente, propriedade da pessoa e só, secundariamente, é entendida como força. A pessoa é causa da ação pela vontade. A vontade, por isso, deve ser entendida como um dos elementos essenciais que constituem a pessoa. A pessoa, ao atuar, como consequência da autodeterminação, constitui para si mesma um objeto, que é o mais próximo e primário em relação a ela. Essa objetividade, em que a pessoa é governada e possuída, é correlativa à subjetividade porque, no autogoverno e na autopossessão, ela se manifesta como sujeito que governa e que possui a si mesma.

A autodeterminação contém os sentidos, ao mesmo tempo, de sujeito e objeto e ambos os casos se referem ao ego. Essa objetivação do sujeito não exprime o caráter intencional, como aparece na volição humana que implica a orientação em direção a um objeto. A autodeterminação consiste no uso que a pessoa humana faz de sua vontade. A vontade, então, atualiza a estrutura do autogoverno e da autopossessão. A vontade livre, por outro lado, não significa ser independente da pessoa. Ela se subordina ao homem. A experiência de *poderia, mas não é necessário* revela a pessoa que *pode*. Ela, entretanto, não necessita exercer sua liberdade, enquanto força. A vontade é, então, a capacidade pessoal de ser livre. A forma de dinamismo, especificamente humana, portanto, pessoal, é a vontade livre.

Manifestam-se diversos tipos de volição na vida interior do ser humano, mas que não pertencem ao dinamismo próprio da vontade livre. O *ocorrer*, no sujeito, é uma forma de volição, mesmo quando ele não o queira. A tensão intencional para um objeto não implica necessariamente a presença da vontade. A natureza da vontade livre se refere sempre ao agir e não ao que ocorre na pessoa. Nem mesmo a grande intensidade apetitiva das volições, inclusive sendo autênticos os atos intencionais, não é suficiente para comprovar ser a vontade a fonte de seus dinamismos. A distinção aparece com as experiências de *eu quero* e *eu necessito*. Essas experiências são volições, mas somente o *eu quero* se fundamenta na vontade livre. A transcendência da pessoa na ação revela-se pela experiência do *eu quero*. A transcendência do ser humano se vincula com a autodeterminação e com a objetivação própria dessa e não, exclusivamente, com o ego do homem. A consciência, por sua vez, na autodeterminação influencia a referência ao ego enquanto objeto.

A pessoa, para a metafísica, é objeto e sujeito. Ela é um ser objetivo ou *alguém* substancialmente diferente de outros seres que existem como *algo*. A pessoa é, simultaneamente, seu próprio suporte ôntico. Ela existe como sujeito de seus dinamismos e estruturas. Encontra-se, aqui, uma forma de síntese entre eficácia e subjetividade. Podemos afirmar, por outro lado, que a consciência condiciona a autodeterminação, mas não a dirige.

2.7.2. A vontade livre

A vontade livre constitui o fundamento da transcendência da pessoa que age. A autodeterminação, por sua vez, manifesta a liberdade como atributo do ser pessoa. A liberdade pode ser identificada com a autodeterminação que se concentra na vontade, elemento constituinte da pessoa. A liberdade é um atributo real da vontade da criatura humana. A autodeterminação oferece a chave para se chegar à realidade da pessoa.

A vontade se subordina à pessoa e não a determina. A vontade livre não significa independência da pessoa. Karol Wojtyla denomina de vontade

> não só o que revela e atualiza a estrutura de autogoverno e autopossessão, mas também aquilo que o homem recorre e, de certa forma, utiliza para conseguir seus objetivos.[24]

A forma de dinamismo da pessoa, especificamente humano, é a vontade livre. Esse dinamismo constitui um dos componentes identificadores do homem-pessoa.

Podemos constatar a diferença entre autodeterminação e instinto. Quando se trata da natureza, temos exclusivamente ativações e não ações livres. A natureza, até certo ponto, pode ser identificada com a potencialidade que se concentra na origem das ativações. Tudo o que ocorre no animal, dado o instinto, recebe uma direção e permanece integrado no todo, o que, por vezes, aparenta que o animal se encontra atuando. O que ocorre, na verdade, é que as ativações estão sendo coordenadas. O instinto só oferece uma analogia com o atuar porque o dinamismo, em nível da natureza, carece de autodeterminação, o que é característico do dinamismo da pessoa. A necessidade equivale à ausência de liberdade, o que ocorre na esfera da natureza, enquanto o ser pessoa implica em depender de si mesmo. A eficácia do ego caracteriza o dinamismo próprio da pessoa e fundamenta a realidade de sua liberdade.

O mundo das pessoas e o mundo dos indivíduos aqui se distinguem. O dinamismo dos últimos se limita à natureza. Nela, a potencialidade dirige a dinamização. O instinto exemplifica como

---

[24] *Ibid.*, p. 142.

a natureza dirige um indivíduo em seu funcionamento. Nas espécies naturais, existem indivíduos e não egos constituídos. A existência do ego exige a presença da consciência e da autodeterminação. Pode-se usar a expressão *ação individual* por *ação humana* só por analogia, porque o indivíduo, envolvido pela natureza, não age. O ego concreto, na verdade, é a condição prévia da liberdade. Os atos da vontade determinam o ego concreto. A liberdade, nas volições, possibilita atos intencionais que se dirigem a um valor que se apresenta como fim. Ela significa *eu quero algo*. A interpretação da vontade livre da pessoa deve-se fundamentar no autodeterminismo para não permanecer flutuando no vácuo do indeterminismo.

Colhe-se um sentindo metafísico quando se fala de *instinto de liberdade*. Fica indicado que a autodeterminação é própria, inata e até *natural* na pessoa que, enquanto tal, não aceita uma atuação que seja meramente conduzida pelo instinto. Isso ocorre porque seu dinamismo não se encontra integrado nem dirigido pelo instinto. Se assim fosse, o dinamismo da criatura humana funcionaria exclusivamente na esfera da natureza. O afastar-se do perigo de algo que provoca a dor pode ser um exemplo. A pessoa, entretanto, não se limita a atuar, visto que também é sujeito do que *ocorre* nela. A potencialidade e os impulsos, todavia, não se identificam com o instinto, na medida em que integram e direcionam o dinamismo de um indivíduo. A *espontaneidade* e a *atuação* impulsiva são orientações do impulso na proporção em que ele pode vincular-se com o corpo ou com a emotividade. Essa orientação pode limitar e até eliminar as decisões conscientes, que são condições para o fortalecimento da vontade. Sucede, na pessoa, certa tensão entre a vontade livre e a potencialidade corporal, entre a emotividade e os impulsos. Revela-se, então, o lugar do ser humano.

A decisão é parte da volição, quando a vontade se dirige a seu objeto. A eleição e a decisão definem a essência da volição, do *eu quero*. O sujeito, no querer verdadeiro, sempre se dirige ao objeto, não de forma passiva. O objeto, um bem, um valor, não provoca o dobramento do sujeito sobre si mesmo. O determinismo considera que o sujeito é, de certa forma, absorvido pelo objeto. A interioridade é, então, engolida pela exterioridade. Temos aqui, entretanto, a raiz da diferença entre o *atuar* e o *ocorrer*. A vontade aparece como a raiz do *atuar*. O momento da decisão, na vontade humana, exclui a forma de relação pretendida pelo determinismo. Se eu quero algo, movo-me até ao objeto, de forma ativa. A pessoa, dessa forma, manifesta-se com sua eficácia e com sua transcendência. O bem exerce a atração à vontade e o sinal de maior ou menor maturidade e perfeição da pessoa se vê quando ela consente na própria adesão aos valores positivos. A decisão é o limite que a pessoa deve transpor, em seu percurso, em direção ao bem. Existe o aspecto, na capacidade de decisão da vontade, que é o estar preparado permanentemente para se movimentar em direção ao bem, o que é mais fundamental para a essência da vontade do que para sua capacidade de decidir.

A transcendência, na ação, é privilégio da pessoa. E, pelo fato de ser livre, essa é a transcendência vertical. Parece que, na filosofia tradicional, a vontade é entendida mais, conforme a transcendência horizontal, como *apetite*, que é um impulso próprio em direção a um objeto, a um bem e a um fim. A análise da vontade tinha como fonte mais importante o estado da intencionalidade, o que era insuficiente para se chegar às raízes da vontade livre. Essas raízes se encontram na estrutura da pessoa. O *apetite*, com o atributivo *racional*, exprime um elemento que tende para um fim. O *apetite*, portanto, é algo que se encontra unido, de forma intrínseca, com um fim. Nele existe também um aspecto de *desejo*. O desejo ocorre no ser humano. O *apetite racional*, por isso, expressa, em termos, quase uma contradição, porque se põe a questão de como entender o apetite como atributo da vontade. Um ato intencional se encontra orientado até um objeto. Está orientado *para fora*, como os atos de volição e de conhecimento que se diferenciam em sua natureza específica. Os atos de vontade se cristalizam em um objetivo concreto. Nesse sentido, *saber* ou *entender* e *querer* são distintos. A distinção se faz entre *tender a algo* e *estar decidido a algo*. O pensamento é um *ato intencional* e a vontade é um *ato intencionado*, afirma Karol Wojtyla.[25]

[25] *Ibid.*, p. 148.

2.7.2.1. A vontade e a motivação

A questão da vontade livre implica, também, no problema da motivação. Nosso autor indica que,

> ao falar de motivação, referimo-nos à influência que os motivos têm sobre a vontade e isto corresponde estritamente à intencionalidade da vontade. Quando quero algo, considero o objeto que se apresenta a minha atenção como bom e demonstro seu valor. A apresentação é um elemento essencial da motivação, que corresponde, por parte do homem, a uma forma específica de conhecimento. Falando em termos gerais, é o conhecimento dos valores.[26]

A motivação se deve à atuação da vontade, constituindo-se em um movimento em direção ao objeto que se apresenta. Não é meramente uma volta na direção daquele objeto. Querer é tender a um valor que se converte em um fim. Os motivos estimulam a vontade a querer algo. Se ela se depara com mais de um objeto, eles podem competir e ser contraditórios entre si. Um processo motivador de maior complexidade, então, precede a eleição. O querer simples se relaciona com um só objeto. Não aparecem dúvidas nem divisão interna na pessoa. A decisão inequívoca corresponde a um motivo inequívoco. Por outro lado, na eleição é que se observa a capacidade da decisão. Algo semelhante à suspensão do querer acontece na deliberação. Não há eleição na decisão simples. Cada decisão deverá converter-se em uma eleição na motivação complexa. A decisão se dá quando se decide sobre o objeto da volição. Sucede, na decisão, a renúncia de alguns objetos em favor de outro objeto ou valor. A vontade, que se enraíza na estrutura da pessoa humana, tem a haver principalmente com a capacidade de decisão. A vontade se inclui na transcendência vertical que se associa ao autogoverno e à autopossessão, que pertencem especificamente à estrutura da pessoa.

A vontade livre se encontra na eleição de forma independente

[26] *Ibid.*, p. 151.

dos objetos. A liberdade parece manifestar-se na capacidade de eleger. O objeto, aqui, não é um impedimento para a vontade. O valor-fim não nulifica seu dinamismo. A vontade livre determina o objeto. A autodeterminação na pessoa seria impossível se houvesse algo nela que o objeto determinasse *a priori*. As experiências da eficácia, da autodeterminação, da decisão ou do querer desapareceriam, o que significaria a supressão da pessoa, porque essas experiências demonstram sua real identidade. A liberdade do mundo do objeto, entretanto, não elimina o fato de o ser humano estar condicionado por esse mundo e, especialmente, pelos valores. A liberdade do homem, na verdade,

> não é liberdade dos objetos ou dos valores, senão liberdade para os valores. Descobrimos este significado da liberdade não só na mesma essência do "quero" humano, senão, também, em cada uma de suas formas.[27]

Existem aqueles que defendem a existência do determinismo moral porque se fundamentam exclusivamente na dependência do reino dos objetos. Não atentam para a experiência da eleição e da decisão. Eles, ao negarem a liberdade, indiretamente negam a pessoa. Uma forma materialista do determinismo não leva em conta a experiência até suas últimas consequências. Outro tipo de pensamento entende a vontade determinada pela apresentação e não pelo objeto. A apresentação direcionaria o querer. Essa é, todavia, uma simplificação fundamental porque aspectos essenciais da questão são sacrificados, visto que todo determinismo se opõe àquele dinamismo que é original da decisão. O determinismo não distingue o que condiciona daquilo que é a causa. A motivação só condiciona a decisão. O ato da vontade é a resposta da pessoa à atração dos valores. A motivação é o condicionante e não o determinante do impulso da vontade. A pessoa não tem uma experiência de pura passividade ou de assimilação do valor. O ser humano realiza uma verdadeira resposta a ele. A capacidade de responder

[27] *Ibid.*, p. 155.

aos valores caracteriza a vontade. Não são os valores e os objetos que controlam o homem. A pessoa humana, em suas relações com os valores, autogoverna-se. O atuar do homem se distingue, portanto, de toda a submissão, do que *ocorre* na pessoa.

2.7.2.2. A vontade e a verdade

É um sinal característico da vontade responder aos valores. Sua capacidade de resposta vem da esfera intelectual. A natureza da vontade, na filosofia tradicional, até Leibniz, era entendida como *apetitus rationalis*. Unicamente o que é conhecido passa a ser objeto da vontade. Ela é dirigida pelo conhecimento, em sua função objetivadora. A vontade e a autodeterminação são orientadas pelo autoconhecimento e pelo conhecimento de toda a realidade existente, especialmente pelo mundo dos valores que podem ser possíveis fins. Karol Wojtyla afirma que,

> por outra parte, em sua função objetivadora, a consciência acompanha a vontade e a complementa dentro do marco da estrutura específica que apresenta a pessoa, mas não orienta a vontade. Se não se chega a reconhecer esta diferença fundamental, cai-se inevitavelmente no solipsismo, no subjetivismo e no idealismo, isto é, em uma situação em que o sujeito parece perdido em sua própria objetividade ou realidade específica.[28]

A objetivação e a subjetivação se completam mutuamente, se considerarmos a experiência da pessoa e sua moralidade em seus aspectos *interno* e *externo*. A consciência e a autodeterminação são, portanto, complementos e contrapesos. O dinamismo completo da vontade encontra, nas dialéticas da objetivação e da subjetivação, um fundamento que lhe é favorável. Toda a ação, por mais aparência que tenha de exterioridade, em certa medida, continua interior para o sujeito que é seu realizador. A síntese entre a objetividade e a subjetividade, desta forma, fica projetada na

[28] *Ibid.*, p. 133.

imagem da pessoa, no que se refere à síntese entre a interioridade e a exterioridade.

A vontade se refere à verdade. A verdade é parte intrínseca da natureza da decisão e possui papel especial na eleição. Quando se elege, toma-se uma decisão *segundo o princípio da verdade*, afirma nosso autor. Esse princípio se apresenta intrínseco à vontade e é essencial na eleição e na decisão. O *querer* não é *conhecer* ou *saber*. A vontade não manifesta um dinamismo que, em si mesmo, é cognitivo. A resposta da pessoa, mediante vontade livre, vincula-se à verdade. Essa dependência da vontade à verdade possibilita sua independência dos objetos que provocam a resposta. A volição, em sua função de eleição e decisão, é dependente da pessoa de que procede. Essa dependência pode ser denominada de *confiança na verdade*. A rendição da vontade à verdade é algo essencial. A transcendência da pessoa na ação e seu domínio sobre o próprio dinamismo parecem receber, aqui, sua explicação final. A autotranscendência é devida à autodeterminação, à vontade livre. A liberdade da pessoa é que possibilita a transcendência de suas próprias ações. A liberdade, então, equivale a autodependência. A pessoa, portanto, não se encontra determinada pelos objetos ou por sua apresentação. A referência e a dependência da verdade, entretanto, são o que explicam a independência interior do ser humano.

As eleições e as decisões concretas não devem ser confundidas, em sua veracidade, com o *momento da verdade*, porque nem todas as eleições e as decisões são corretas. Não se trata de erro propriamente da vontade, porque o erro procede da mente. O erro acontece quando a decisão e a eleição se dirigem a um objeto que se expõe aparentemente como um bem, mas não o é. A pessoa humana, então, tem a experiência da culpabilidade. O comportamento moral mais característico do ser humano opõe o moralmente bom ao moralmente mau. Esse comportamento moral da criatura humana fica incompreensível, quando a eleição e a decisão não se fundamentam na verdade.

A verdade a respeito do bem é fundamental na experiência dos valores.

> O momento da verdade, de fato, é essencialmente importante na experiência do valor, porque é a verdade sobre este ou aquele objeto que cristaliza este ou aquele momento de bem. Quando experimentamos, por exemplo, o valor nutritivo de um alimento, sabemos imediatamente qual é o bem do objeto que nos serve de alimento.[29]

Podemos afirmar que a apreensão cognitiva do bem de um objeto não depende, de forma direta, de determinada volição concreta, porque esse fato ocorre, mesmo que essa volição se encontre, em princípio, intimamente relacionada com a cognição do valor. A experiência do valor se manifesta no conhecimento da verdade sobre aquilo que é conhecido. O que caracteriza a vontade é o direcionamento da intenção que ela imprime a seu objetivo, tendo em vista a deliberação, a eleição ou a decisão. Unicamente a pessoa pode realizar esta orientação. Pode-se afirmar que o *momento da verdade* libera a atuação da pessoa porque ele, sendo da essência da eleição, dinamiza em direção ao atuar. Distingue-se, então, a atuação do *ocorrer*.

A verdade axiológica é distinta da verdade lógica e ontológica. A primeira se refere ao valor de um objeto e não o que ele realmente é. Karol Wojtyla afirma que, em sua investigação, a verdade axiológica não se identifica com a chamada verdade prática. A primeira pertence ao conhecimento teórico e constitui o fator mais importante na estrutura da ação da pessoa, porque conduz ao limite de o *conhecer* transmudar-se em *querer*.

A experiência revela que o conhecimento é uma forma de atuação. Pode-se constatar, por outro lado, que pensar é algo distinto de conhecer. O pensar é de natureza mais passiva. Os pensamentos *fluem* e se limitam a *passar*. A atitude do ego é a de sujeito passivo e não a de agente ativo. A diferença entre o pensar e o querer se encontra no fato de que *querer* significa ir e penetrar no objeto, que permanece exterior àquele que quer, enquanto que, no *pensar*, constata-se certa forma de trazer o objeto do conhecimento

---

[29] *Ibid.*, p. 166.

para o interior no sujeito por diversas maneiras, que podem ser os sentidos (percepção e imaginação) e o intelecto (compreensão). A experiência da pessoa de que ela é o agente do pensamento se manifesta no juízo. O pensamento, em um primeiro momento, *ocorre* no homem. O pensamento, na ocasião do juízo, transforma-se, então, em seu agir. Constata-se uma correspondência entre o juízo e a decisão. A pessoa, mediante os juízos, realiza certa *transcendência cognitiva*, tendo em vista o objeto conhecido. A transcendência da vontade, por sua vez, em relação a seu objeto realiza-se, tendo como condição aquela transcendência do conhecimento. Quando a pessoa decide, antes houve um juízo de valor. Toda decisão demonstra uma estreita analogia com o juízo. Esse, entretanto, é de essência cognitiva, enquanto a essência da decisão apresenta um vínculo essencial com a volição.

O juízo de valores limita a intuição criativa. O papel da intuição, todavia, não pode ser menosprezado. Quanto à experiência dos valores, existe uma *intuição cognitiva*. O ego pode formular juízos quando está ativo. Ele pode ter também a experiência cognoscitiva direta do valor do objeto a ser conhecido. O ego, então, aparenta mais passividade do que atividade, como que estivesse em contemplação, absorvendo o valor. Haverá, entretanto, o momento ativo da intuição, quando ela vem acompanhada do juízo. Manifesta-se, nesta ocasião, um juízo de valor não discursivo, como se fosse o fim de um processo não desenvolvido pela razão. Essa experiência cognoscitiva parece resultar de esforços intelectivos intencionais que se deram anteriormente, mas que não se apresentaram à percepção da pessoa. A experiência pode ser o resultado de esforços cognitivos realizados no passado. A intuição pode estar no início ou no fim de um pensamento discursivo. Quando se encontra na origem, ela se exprime como se necessitasse de um reforço. Se a intuição aparece no fim, ela se dá como uma *recuperação da verdade*.

O conhecimento apresenta-se como uma condição da transcendência da pessoa que age. É, ao mesmo tempo, uma das condições da vontade. Manifesta-se, entretanto, uma reciprocidade nesta relação, porque a vontade influi no conhecimento, impondo-lhe determinadas tarefas e, por sua vez, o *querer*, por sua própria relação com a verdade, encontra-se condicionado essencialmente pelo *conhecer*.

2.7.2.3. O limite da liberdade da pessoa humana

A liberdade humana não se exercita na rejeição da verdade. Esse exercício, ao contrário, acontece na medida em que a pessoa se rende e se realiza na verdade. A dependência da verdade é o limite da liberdade. A pessoa não possui uma liberdade incondicional e absoluta. A liberdade é o núcleo da autodeterminação da pessoa e vincula-se de forma essencial à verdade. A verdade constitui a linha que separa e contrapõe o bem, que é o valor moral positivo, ao mal, que é o *contravalor* moral negativo. A ação, dessa forma, depende de que a consciência reconheça e revele a bondade moral. A criatura humana tem acesso ao ser, à verdade e à beleza, que são os transcendentais do pensamento tradicional, pelo conhecimento. E, seguindo o conhecimento, o acesso se faz por meio da vontade livre e da ação. A ação, dessa forma, é o meio para a realização do bem, da verdade e da beleza. A transcendência da pessoa é seguida da experiência dos transcendentais.

2.7.3. A pessoa se realiza na ação

A pessoa é sujeito e agente ao realizar uma ação. Cada agir consumado resulta em realização. A ação, que é efeito da eficácia de quem age, manifesta, ao mesmo tempo, consequências externa e interna em relação à pessoa. Existe, portanto, na ação algo de transitivo e de intransitivo.

Encontra-se na moral o pressuposto de que a pessoa se autorrealiza no atuar. As ações se dirigem a objetos determinados, para fora, e alcançam e se interiorizam simultaneamente em seu objeto primário, que é o ego do sujeito. O agir, assim, manifesta as características de exterioridade e interioridade. A ação, na dimensão interna da pessoa, é, ao mesmo tempo, transitória e mais duradoura, visto que seus efeitos permanecem um tempo maior que o atuar em si mesmo. A objetivação das implicações dos efeitos aparece mais claramente na moralidade. O ser humano, devido a uma ação boa ou má, do ponto de vista moral, torna-se bom ou mau. A realização, dessa forma, será consequência do agir. Karol Wojtyla afirma, por outro lado, que

> nem a execução, nem a realização podem ser identificadas com a eficácia. A execução da ação, devida à realização que leva consigo, está articulada com a autodeterminação. (...) Realizar significa atualizar e, de certa maneira, levar à devida plenitude a estrutura do homem que lhe é característica, tendo em vista sua personalidade e, também, o fato de ser alguém e não meramente algo: é a estrutura do autogoverno e da autopossessão.[30]

A estrutura de autogoverno e de autopossessão serve de base à moralidade. As ações humanas realizadas deixam rastros. O valor moral delas permanece. O homem, por ser pessoa, é alguém. E, sendo alguém, ele pode ser bom ou mau. A moralidade se encontra intimamente conexa com o ser humano enquanto pessoa. A realização do ser humano, que é consequência de suas ações, implica praticar a autopossessão e o autogoverno como resultantes da autodeterminação. A moralidade, em sua natureza axiológica, deve ser entendida, em relação à pessoa humana, como a separação entre o que é o bem e o que é o mal. A moralidade apresenta, inclusive, a implicação ontológica que é a realização da pessoa na ação. A moralidade, em sua natureza axiológica, portanto, tem raiz ontológica.

A realização da pessoa possui, então, uma dimensão moral. O bem, na ação, realiza a pessoa e o mal a frustra. O mal moral se produz na ordem moral e, a partir daí, se introduz na ordem *existencial-ontológica*. A moralidade é entendida como realização da pessoa humana e sua submissão ao mal resulta em sua frustração.

---

[30] *Ibid.*, p. 176.

A criatura humana, na perspectiva ontológica, é um ser potencial e não plenamente em ato. A metafísica tradicional, ao contrário, afirmava ser a pessoa um *ato puro*. A atualização, dessa forma, não era possível à pessoa. A moralidade, na verdade, revela que o ser individual real é, de certa maneira, ontologicamente contingente. A possível não realização da pessoa manifesta sua contingência. O homem tem a possibilidade de se realizar ou não, na medida em que ele é bom ou mau, o que manifesta a contingência da pessoa. A criatura humana se converte em bom ou mau mediante sua conformidade ou não com as normas morais.

As normas da lógica e da estética não têm uma repercussão tão forte sobre o ser humano, porque são normas de produzir ou de conhecer e não do atuar, conforme diz Aristóteles. Não se referem, em sua esfera, ao homem enquanto pessoa. Elas dizem respeito aos produtos. O juízo, formado na consciência, condiciona diretamente a frustração ou a realização da pessoa. Sua plenificação se dará na medida em que o valor moral se solidifica. A preexistência do princípio legal ou natural, por sua vez, resulta no dever.

O princípio constitui a *norma*. Seu conteúdo se exprime como uma declaração, que se pode expressar por *ser*, e uma obrigação, que se pode declarar por *deve*. A veracidade das normas as põe em relação com a consciência. A veracidade do bem, que se encontra nas normas, pode ou não ser diretamente evidente. A consciência, quando a evidência normativa se apresenta de forma direta, aceita seus conteúdos também de forma direta. A consciência, inexistindo essa evidência, compara sua veracidade nos limites que lhes são próprios. Quanto maior a certeza, maior o sentido de obrigação, cuja experiência se relaciona intimamente com a experiência da veracidade. O dever e a veracidade se manifestam de forma concomitante. A consciência deve obedecer à norma correta para que a atuação seja correta e, por outro lado, deve rejeitar a norma incorreta.

Há uma proximidade objetiva entre a realização e a vocação da pessoa. Ela tem a obrigação de buscar a autorrealização. Revela-se na obrigação um imperativo, que é o chamado a *ser bom* e *não* o a *ser mau como homem.* Os outros apelos morais concretos se reduzem a essa vocação, que é a primeira e a mais fundamental. A pessoa não se autorrealiza pela intencionalidade das volições e pela autodeterminação. Ela se realiza

> graças a seu sentido de obrigação, enquanto modificação peculiar da autodeterminação e da intencionalidade.[31]

A pessoa se abre aos valores pela obrigação. Ela, por outro lado, que é a autora de x, é responsável por x. A fonte da responsabilidade se encontra na obrigação, mais que na eficácia da pessoa, porque o homem só pode ser responsável por x na medida em que deveria fazer ou não x. A obrigação, de qualquer forma, cria relações entre a responsabilidade e a eficácia. Essa relação indica que, na obrigação, se encontra uma janela para o exterior da pessoa. Pressupõe-se a veracidade na relação-resposta dos valores-responsabilidade. A obrigação revela a maturidade da pessoa quanto à resposta aos valores e exprime uma referência necessária a esses valores. O *deveria*, no sentido da obrigação, cede lugar a uma resposta. A aspiração deve vincular-se ao objeto em seu valor de verdade. A direção de uma pessoa a outra, por exemplo, deve corresponder ao valor da pessoa.

A verdade liberta a liberdade, não a suprime. A tensão que aparece entre a norma objetiva e a liberdade interior do sujeito-pessoa é aliviada pela verdade. Essa tensão tende a reduzir sua intensidade, se a pessoa se encontra convencida de que x é verdadeiramente um bem. A pessoa, em sua vontade livre, submete-se, então, à verdade. A última referência para a transcendência da criatura humana é, portanto, a verdade. O fato de muitas normas morais se exporem de forma proibitiva não elimina seu valor. Constatado o valor, passa-se à obrigação. O valor, exposto de forma afirmativa, parece revelar, entretanto, uma importância mais significativa.

Existe a *responsabilidade ante* que pressupõe a *responsabilidade a respeito de*, o que se relaciona com a submissão do homem

---

[31] *Ibid.*, p. 196.

ao mundo das pessoas. Ele é responsável frente a alguém, o que constitui uma das fontes que origina o poder judicial. A estrutura religiosa também existe no mundo das pessoas. A responsabilidade frente a alguém implica, então, na responsabilidade frente a Deus.

A relação à verdade se encontra na origem da obrigação e da responsabilidade. A consciência se mantém sempre alerta quanto à transitividade e à intransitividade da ação. A pessoa humana, em sua consciência, portanto, é responsável frente a si mesma. O ser humano-pessoa se autogoverna, é o responsável por si mesmo. A responsabilidade, portanto, é característica unicamente da pessoa, porque se relaciona com a atuação humana e não simplesmente com o que *ocorre no homem*. Haverá alguma situação, entretanto, em que o que *ocorre* resulta e depende do atuar e do não atuar, o que implica a responsabilidade da pessoa.

2.7.4. A felicidade, a liberdade e a verdade

Karol Wojtyla entende que autorrealização é sinônimo de felicidade. A ideia de felicidade é semelhante à de realização. A felicidade da criatura humana, entretanto, condiciona-se à realização do bem, porque é graças ao bem que a pessoa se converte ao que é bom e se torna boa. Existe uma conexão entre a felicidade e o sistema axiológico da pessoa. A verdade e a liberdade são fontes da felicidade. Nosso autor afirma que

> já sabemos que afirmar a execução de uma ação implica o resultado duplo da eficácia e da autodeterminação da pessoa, isto é, externo e interno, transitivo e intransitivo; a esfera da felicidade deve ser buscada no que é interno e intransitivo na ação, no que é identificável com a realização do ego enquanto pessoa.[32]

A veracidade moral e a liberdade são dois dos aspectos constitutivos do ego e que se relacionam entre si. A realização da pessoa,

---

[32] *Ibid.*, pp. 202-203.

no agir, depende da união entre a veracidade moral e a liberdade. Somente a liberdade não fará o homem feliz. Ela é só uma condição da felicidade. A felicidade, sem a liberdade, fica ameaçada. A realização humana é possível, porém, unicamente com o binômio liberdade-verdade. A liberdade deve realizar-se na verdade. A plenificação da pessoa exige a indissolubilidade entre a liberdade e a verdade. A experiência da felicidade não pode excluir as relações interpessoais. Elas são, de fato, fundamentais para a felicidade da pessoa humana. A mensagem cristã, por sua vez, fala da felicidade eterna, que é a união com Deus.

A pessoa humana, na procura da felicidade, quer ir além de si mesma. Essa busca indica um relacionamento entre sua pessoa e a própria realização. A felicidade possui fundamento pessoal e, por isso, só os seres pessoais podem experienciá-la. Processa-se a realização do ego, mediante a ação, exclusivamente na estrutura do ser pessoal. Os animais, portanto, ficam excluídos da experiência da felicidade. A felicidade ou o desespero é próprio da pessoa.

A autorrealização se refere sempre à liberdade que se atualiza. A ação, entretanto, pode estar em concordância ou não com a consciência e com a verdade da norma. A experiência da transcendência da pessoa, em ação, e a do atuar condicionam a conquista da felicidade. A infelicidade é consequência da ação contrária à consciência e à verdade moral reconhecida.

O homem, enquanto pessoa, realiza-se ou não. A felicidade relaciona-se com essa realização, mas não o prazer. Possuir a *consciência limpa*, cumprir a obrigação, é causa mais de alegria ou de satisfação do que de prazer. É secundário se a satisfação manifesta caráter prazeroso. A linha que distingue o prazer e a felicidade coincide entre o que *ocorre* e a atuação do homem. O prazer e o desprazer ocorrem no ser humano. Essa distinção ajuda a entender a diferença entre o prazer e a felicidade. A felicidade indica a estrutura da pessoa. O prazer aponta a estrutura natural do indivíduo. Ambos, entretanto, podem ser confundidos entre si. O prazer não exprime exclusivamente uma conexão com o que *ocorre* no homem. O prazer ou o desprazer pode acompanhar a atuação. A pessoa que atua, às vezes, objetiva buscar o prazer e evitar o desprazer para si e para outros. Essas são premissas que fundamentam todos os sistemas éticos denominados utilitaristas. A confusão entre a felicidade e o prazer, ou que este é componente dessa, é próprio do hedonismo. A diferença entre o prazer e a felicidade se encontraria, no que se refere a eles, na maior ou menor intensidade ou profundidade. A felicidade seria uma experiência mais profunda do que o prazer. A distinção se daria pelo aspecto emocional da felicidade, como pensava Max Scheler. Outros pensam que a felicidade é fato espiritual e o prazer é sensual ou material. Separar a pessoa e a ação de prazer e desprazer carece de justificação, como indica a experiência integral do ser humano. Karol Wojtyla afirma que

> o sentido da distinção, que temos traçado, não está em separar a pessoa e a ação da esfera do prazer e do desprazer; seu objetivo é indicar que a execução de uma ação, ou melhor, a realização do ego por meio da ação, tem seu correlativo na felicidade (ou em seu contrário), enquanto algo que é tão completamente específico, que nunca se pode converter nos componentes do prazer-desprazer.[33]

A transcendência da pessoa, por sua vez, parece relacionar-se intimamente com aquela especificidade e irredutibilidade da felicidade.

2.7.5. A espiritualidade da pessoa humana

Algumas provas da espiritualidade da pessoa humana podem ser afirmadas. Essas provas procedem, primeiramente, da transcendência que a pessoa experiencia na ação. Compreende-se por *espiritual* o elemento imaterial que, intrinsecamente, não pode ser reduzido à matéria. O aspecto positivo do conceito de *espiritual* se revela na concepção de transcendência da pessoa humana, porque

---

[33] *Ibid.*, p. 207.

> tudo aquilo que consiste a transcendência da pessoa na ação e que constitui essa transcendência é, neste sentido, espiritual.[34]

A aceitação da natureza espiritual da pessoa humana, em suas autênticas manifestações, não é resultado de abstração, porque essa natureza se encontra no alcance da intuição fenomenológica. A espiritualidade se manifesta aberta à intuição e à perspicácia. A transcendência é a própria forma da vida humana. É necessário, por outro lado, ir às raízes da espiritualidade da criatura humana e não permanecer, apenas, em suas manifestações. Podem ser colhidas as provas da espiritualidade do ser humano no sentido fenomenológico ou epifenomenológico e, indiretamente, no sentido ontológico. A natureza espiritual do homem se manifesta como transcendência da pessoa no atuar. A experiência demonstra que não se pode separar a pessoa da natureza espiritual do homem. A natureza referida manifesta algo permanente, ontologicamente fundado, do ser espiritual. Determinadas manifestações da pessoa humana não teriam explicações sem o suposto de seu componente espiritual.

A criatura humana é um ser complexo porque corpórea e espiritual. A pessoa, ao mesmo tempo, constitui uma unidade que se manifesta de forma completa na ação, através da transcendência. O agir serve à unidade da pessoa e é nele que o homem se realiza. A unidade da pessoa, na ação, manifesta-se e torna-se possível por causa da natureza espiritual do ser humano. Essa é a fonte de todos os sinais que determinam a transcendência da pessoa. A unidade do homem, portanto, é constituída por seu espírito. O elemento espiritual é o componente específico da criatura humana. Seu dinamismo próprio

> manifesta-se na eficácia e na responsabilidade, na autodeterminação e na consciência, na liberdade e na referência à verdade.[35]

[34] *Ibid.*, p. 210.
[35] *Ibid.*, p. 214.

O dinamismo, por outro lado, é proporcional à potencialidade. Deduz-se, portanto, a existência do componente espiritual do ser humano e constatam-se os poderes da natureza espiritual do homem. Os dinamismos intelectuais e volitivos parecem que constituem partes de uma realidade espiritual e, dessa forma, revelam-se. Esses poderes não podem ser reduzidos à realidade material. A inteligência humana e a vontade livre remetem a uma *natureza espiritual*. A espiritualidade, conforme a entende Karol Wojtyla, pode ser a chave para a compreensão da complexidade do homem. O ser humano, em sua experiência integral, manifesta-se como alguém que é material, que possui corpo, e com a unidade pessoal determinada pelo espírito, que é invisível e inacessível aos sentidos. A eficácia, a obrigação, a responsabilidade, a liberdade, a veracidade também não são acessíveis aos sentidos. São, portanto, imateriais. Elas, entretanto, pertencem à experiência da pessoa humana. Constituem objetos da intuição, enquanto se exprimem como dados que a mente humana pode captar e compreender. O homem é um ser complexo, cuja

> compreensão implica uns conhecimentos muito amplos para poder medir os limites ou, talvez, a profundidade das coisas. É o campo da metafísica, na qual, ao largo dos séculos, os pensadores têm procurado desemaranhar a natureza do homem, enquanto ser composto de corpo e alma, de carne e espírito.[36]

A complexidade do homem, enquanto pessoa, acessível à intuição fenomenológica deve ser completada e ampliada com a análise metafísica. A importância e a necessidade da metafísica são, portanto, inegáveis. A alma humana é conhecida, pela metafísica, como um princípio que fundamenta a vida da pessoa concreta. Os efeitos, que estão a exigir uma *razão suficiente*, uma causa que lhes seja proporcional, permitem deduzir a existência da estrutura e da natureza espiritual da alma humana.

---

[36] *Ibid.*, p. 216.

A pessoa não tem uma experiência direta da alma. A experiência indireta da alma, entretanto, realiza-se mediante a transcendência da pessoa na ação, que são a obrigação, a responsabilidade, a veracidade, a autodeterminação e a consciência. O que mais inteiramente se manifesta, nessa experiência, é a interioridade desses momentos. Eles formam a *estrutura do homem interior*. Esses momentos, ao serem experienciados, identificam-se com a experiência da alma. Seu possível conhecimento, porém, não pode ser reduzido a esses momentos. Seu conhecimento, enquanto ego espiritual, parece orientar para a análise metafísica.

A pessoa humana, portanto, identifica-se de forma parcial, e em determinado sentido, com a natureza. A identificação se põe, unicamente, quanto a sua substancialidade. A pessoa, entretanto, em seu conjunto e em sua essência, projeta-se para além da natureza. A liberdade pessoal nega a necessidade própria do mundo natural. Existe uma relação necessária entre a *humanidade ou a natureza humana* e, por outro lado, *a personalidade (ser pessoa) e a liberdade*. A vontade livre pertence, de forma necessária, à natureza do ser humano. Pode-se entender *a natureza da pessoa* como, exclusivamente, *a necessidade de atuar com liberdade*.

O outro elemento de importância transcendental para a compreensão da pessoa é, como se verá, a integração na ação.

Capítulo III

A PESSOA HUMANA E A INTEGRAÇÃO NA AÇÃO

1. O significado da integração

Unicamente a ideia de transcendência da pessoa, na ação, não esgota a compreensão da realidade dinâmica do ser pessoal. A ideia de integração é outro aspecto que se soma e que completa a noção de transcendência. A transcendência, sem a integração, permaneceria como que *suspensa numa espécie de vazio estrutural*. A unidade plena da pessoa é expressa pela integração. A ideia de integração emerge a partir do conceito de transcendência e da reflexão sobre a eficácia e a subjetividade do ego da pessoa humana. A experiência do homem, enquanto sujeito da ação, difere de sua experiência de eficácia. Existe algo de passividade na experiência de subjetividade e, na de eficácia, o ser humano toma consciência de sua atividade. Uma síntese entre a eficácia e a subjetividade do ego aparece em toda a ação. Encontra-se, na eficácia, a esfera onde se manifesta a transcendência. A integração se processa, por sua vez, na subjetividade. A integração se manifesta quando a transcendência se encontra acompanhada de autogoverno e de autopossessão e da *unidade subjetiva*. A transcendência juntamente com a integração é que explicam a experiência do compromisso pleno da pessoa com a ação.

O termo *integração* se origina de *integer* que, traduzido do latim, significa inteiro, completo, intacto. A ideia de integração, portanto, indica o todo, a coisa em sua totalidade. O termo *integrar* expressa a reunião das partes, tendo em vista a formação do todo. A integração é um processo e, ao mesmo tempo, um resultado. Mais que reunir, em filosofia e psicologia, um todo, que de forma prévia se encontra desconexo, a integração tem o sentido de realizar e de manifestar o todo e a unidade que parecem fundamentar-se em determinada complexidade.

Pode-se afirmar que

> o significado fundamental da "integração" – trata-se sempre, em uma e outra forma, da integração da pessoa na ação – está estreitamente relacionado com a estrutura de autogoverno e de autopossessão da pessoa.[1]

A integração da pessoa, no agir, é que permite compreender o ser humano e sua unidade psicossomática. Ele, assim entendido, é objeto das ciências *empíricas particulares*. A unidade daquilo que constitui pessoa-ação manifesta uma prioridade sobre o dinamismo psicossomático. O ego subjetivo subordina-se ao ego transcendente. Acontece, aqui, a síntese entre a subjetividade e a eficácia. A unidade psicossomática do homem resulta da transcendência da pessoa, na ação, e da integração. Exclusivamente o pensamento indutivo, característico das ciências empíricas, não é suficiente para essa interpretação. A complexidade psicossomática do ser humano se transmuda precisamente na unidade pessoa-ação, na própria ação. Os diversos dinamismos do corpo e da psique se encontram inseridos no agir. Esses dinamismos tomam parte ativa na integração, no plano da pessoa, e não em seus próprios níveis. A integração, portanto, realiza-se em um patamar de unidade superior à chamada *unidade psicossomática*. É assim, portanto, que

[1] *Ibid.*, p. 225.

> temos entendido "integração" da unidade, tomando como base a multiforme complexidade do homem. Nesse sentido, a integração é um aspecto complementar do dinamismo da pessoa; um aspecto (...) complementar da transcendência.[2]

Os dinamismos do corpo e da psique participam, a sua maneira, em cada ação concreta. Quando a ação, por exemplo, implica no movimento corpóreo, os dinamismos somáticos possibilitam o movimento, colaborando e sendo contidos na ação. Eles, na verdade, identificam-se com o que *ocorre* no ser humano. Uma unidade superior e nova é atingida no agir. Quando esses dinamismos se encontram separados dela, simplesmente *ocorrem* no sujeito-homem. O conhecimento da linha que distingue a atuação do que *ocorre* na pessoa é possibilitado pela integração. O processo integrativo permite também que a estrutura de autogoverno e de autodeterminação surja mediante a ação. Excluída a integração na ação, unicamente a subjetividade do ser humano se realizaria no suporte ôntico e não a eficácia. A estrutura ôntica da pessoa humana é dominada pela eficácia. A eficácia e a liberdade, elementos constitutivos da ação, conduzem os elementos psicofísicos à unidade. O primeiro objeto de atuação do ego, nessa unidade, passa a ser ele mesmo. A integração revela, como consequência, o fato de que os dinamismos psicofísicos se tornam ativos na autodeterminação.

A desintegração ajuda a entender o significado do processo integrativo da pessoa que age. A desintegração manifesta significados diferentes conforme o contexto em que o termo é usado. O termo aparece, mais frequentemente, nas disciplinas que se interessam pelo aspecto psicológico do ser humano. Elas entendem por *desintegração tudo o que divide e não atinge o nível do homem normal.* Permanece, entretanto, a questão sobre o que essas disciplinas consideram como *normal.* O critério para se encaminhar esse problema, na maioria dos casos, estabelece-se por intuição. Muitas vezes, a ideia de *desintegração*, nas ciências humanas, expõe como fundamento um *caráter ético*. A estrutura de autogoverno e de autopossessão é essencial

---

[2] *Ibid.*, p. 297.

na identidade do ser-pessoa. A desintegração relaciona-se com essa estrutura. Pode-se afirmar que *integração* e *desintegração* referem-se a essa estrutura fundamental e não somente quando atingem as estruturas que elas se originam do *psicológico* e da *moral* da pessoa humana. A desintegração é o que se manifesta como defeito ou falta, dentro da estrutura de autogoverno e de autopossessão. Ela se refere, por isso, à autodeterminação. O homem, então, é incapaz de autogovernar-se e de possuir a si mesmo. A capacidade de autogovernar-se e de autopossuir-se fundamenta, de forma transcendental, a pessoa humana. Um ego insubordinável se revela na desintegração, o que não significa que o ego transcendente fique limitado ou eliminado. Os defeitos da desintegração se transformam em defeitos da transcendência. A integração e a transcendência são dois aspectos que constituem e complementam o mesmo dinamismo da pessoa na ação. A desintegração possui graus de intensidade. Pode manifestar três fases, que são a atual, a habitual e o potencial, sendo a última a que se refere à potencialidade da pessoa humana. A impossibilidade de associar o aspecto físico com o nome da mesma pessoa manifesta, como exemplo, uma desintegração.

Karol Wojtyla considera que sua análise se aproxima, mas não se identifica com a das *ciências particulares*. Elas se ocupam dos detalhes dos objetos, o que o desviaria do objeto em questão, que é o vínculo da pessoa com a ação vista em seu conjunto. As referidas ciências, em segundo lugar, aparentemente se ocupam com os dinamismos psicossomáticos, entendidos *enquanto tais e por si mesmos*. Karol Wojtyla declara que, em sua investigação, entretanto, não se afasta nem discorda dos dados fornecidos pelas *ciências particulares*. A pessoa humana, na verdade, é um ser complexo. O condicionamento do dinamismo psíquico pelo somático constitui, entre as múltiplas inter-relações e recíprocos condicionamentos dos elementos concretos do ser humano, a mais importante das relações.

2. A pessoa e a integração do corpo próprio

O corpo humano é material. Ele constitui uma realidade visível e acessível aos sentidos, principalmente a partir do exterior.

Quando se fala de sua interioridade, refere-se ao organismo humano. Os aspectos interno e externo do corpo são englobados pelo termo *somático*. Pode-se dizer, assim, que o corpo humano possui uma exterioridade e uma interioridade. Não se deve isolar nem absolutizar o papel do corpo no dinamismo global da pessoa em ação. A filosofia de Aristóteles e de Santo Tomás de Aquino, observada a semelhança do homem com os seres do mundo visível, vê nele, juntamente com o elemento *hílico* ou material, o elemento *morfe* ou forma. Surge, daí, a teoria do hilemorfismo. Pode-se, inclusive, considerar o problema da relação do corpo com a pessoa humana a partir de um enfoque estático, que é fornecido pelo elemento corpóreo. Sua relação com a pessoa humana é absolutamente necessária. Essa afirmação é tanto verdade que, na definição em que se mostra o homem como animal racional, o corpo e a corporalidade estão expressos por *animal*. O corpo, por outro lado, é que concede ao homem sua concretização. A filosofia tradicional fala da individuação pela matéria. A pessoa humana, na verdade, exprime-se *através do corpo*. Ela manifesta, assim, de forma estrita, sua realidade individual. Introduz-se, neste contexto, o termo *constituição*, que inclui a forma externa do corpo e seus elementos internos, que contribuem para que a forma seja determinada.

Parece haver um consenso, inclusive com os materialistas, quanto às relações corpo-pessoa, no sentido de que o problema que se manifesta na investigação são os vínculos que existem entre a exterioridade, que é visível, com a interioridade invisível do ser humano. O corpo, em seu dinamismo visível, é o lugar onde se expressa a pessoa. Karol Wojtyla entende que,

> falando com rigor, pode-se considerar que a estrutura pessoal de autogoverno e de autopossessão "atravessa" o corpo e se expressa por meio do corpo. Já sabemos que essa estrutura se manifesta na ação e se realiza através da ação.[3]

[3] *Ibid.*, p. 238.

O corpo é o meio e o lugar em que a transcendência, o dinamismo próprio da pessoa-espiritual, encontra para se expressar. A ação e, em consequência, a pessoa encontram no corpo seu meio e terreno para se realizarem. A realidade corporal do ser humano, portanto, encontra-se subordinada à pessoa. Neste estudo, o problema da relação corpo e alma se expõe, tendo em vista a expressão. A eficácia, a autodeterminação e a alma, em seu dinamismo espiritual e em sua liberdade, que se encontra dinamicamente em relação com a verdade, encontram no corpo seu meio e seu espaço para se manifestarem. A integração da pessoa que age, que acontece e que se expressa por meio do corpo, revela o que há de mais profundo da integridade do ser humano, enquanto ele é um ser pessoal. Revela, na verdade, a alma espiritual. O último princípio dessa integração parece ser essa alma. Os comportamentalistas, inclusive, não chegam a identificar a pessoa com o corpo. O componente corpóreo desempenha um papel especial no processo de objetivação, em que a pessoa se transmuda no próprio objeto do atuar. A objetivação corporal participa, então, como um elemento no contexto da objetivação geral do sujeito-pessoa. A pessoa humana, na verdade, possui um corpo. Ela não se reduz ao corpo. O corpo é elemento do ego subjetivo, porém, não se identifica com o ego.

O ser humano tem a consciência de que é possuidor de uma especial obediência ao corpo para expressar a autodeterminação. A sujeição ao elemento corpóreo é instrumento, inclusive, para a integração da pessoa no agir. A liberdade pessoal possui, por sua vez, o poder de objetivar e de usar o corpo na ação.

2.1. A pessoa e o dinamismo do corpo próprio

O corpo humano, em sua interioridade, manifesta um dinamismo exclusivamente somático. O dinamismo externo do mesmo corpo depende daquele dinamismo interno. Deve-se atentar ao dinamismo interior do componente somático para se entender a integração da pessoa na ação. A organização corporal é o primeiro fator de que depende a integração.

A pessoa deve ao corpo o fato de pertencer à natureza. O ser humano encontra, em seu aspecto corporal, sua semelhança com o resto da natureza. É também pelo corpo que o homem participa das condições exteriores de seu existir, que é a natureza. Ele se aproxima, nesse sentido, especialmente dos animais superiores. A definição clássica que aponta o homem como animal racional indica algo fundamental sobre a natureza do ser humano. Essa definição se encontra na origem da teoria da evolução.

O dinamismo do homem, puramente somático, pode ser considerado *reativo*. A potencialidade que se encontra, em sua raiz, pode ser denominada de *reativa*. O corpo humano, como os demais corpos naturais, também é capaz de reagir. A ideia de reação se aplica a diversos elementos da conduta do homem e a distintas formas de atuar. Esse fato implica que o fator de reatividade do corpo se encontra profundamente na raiz de todo o atuar da pessoa humana. Karol Wojtyla reduz a *reatividade* ao somático, tendo em vista os vínculos diretos entre o corpo e a natureza. Os fatores psíquicos e emotivos se relacionam indiretamente com a natureza através do elemento corpóreo. A existência e a reatividade do corpo são condicionadas por um conjunto de eventos. A natureza é esse conjunto. A capacidade de reagir já pode ser constata nos objetos inanimados. A dilatação ou a contração mediante o calor e o frio são exemplos. As criaturas animadas têm a reatividade manifestada no nível da vida.

A vida do corpo é vegetativa. Ela tem início com a concepção e se encerra com a morte corpórea. O corpo humano, como os demais corpos vivos, necessita das condições externas providas pelo meio natural, como o clima, a atmosfera, a alimentação. A reprodução é possível dada à diferença sexual do corpo humano. A estrutura dinâmica da vitalidade vegetativa do corpo do homem se compõe de reações que são instintivas e seguem o caminho da natureza. Essas reações ocorrem na pessoa. A vontade não tem influência especial nelas porque não resultam da atuação da pessoa.

Uma das características do corpo humano é a de reagir aos estímulos que se mostram, com clareza, quando o corpo se submete passivamente às condições externas. A capacidade do corpo humano de reagir aos estímulos se relaciona com o sistema nervoso.

2.2. A pessoa, o corpo próprio e a eficácia

A eficácia do ser-pessoa não constitui parte da reação e da reatividade. O corpo humano possui certa eficácia, enquanto pertence à pessoa, que se realiza mediante a unidade ôntica do ser humano. O componente corpóreo, como uma subestrutura, constitui parte da unidade que é o homem. A vitalidade vegetativa e a reatividade somática parecem, por outro lado, encontrarem-se além do alcance da consciência, o que não contradiz a unidade essencial da pessoa humana. O corpo humano não é um sujeito independente do sujeito que é a pessoa. Existe uma unidade entre o corpo e a subjetividade do homem. A dimensão corpórea do ser humano, ao mesmo tempo, parece ter uma *subjetividade* independente, o que não afeta a unidade ôntica do homem. Nosso autor, aqui, entende a *subjetividade* no sentido de que o corpo constitui exclusivamente um sujeito de reações. Essa subjetividade possui caráter reativo, vegetativo e se mostra exterior à consciência.

Haverá integração da pessoa na ação mediante a integridade do corpo. A reatividade do corpo, em seu momento de autodeterminação, é posta em funcionamento pela pessoa. Ela, assim, utiliza de forma consciente seu corpo.

O reflexo se caracteriza por ser um movimento instintivo e espontâneo. O corpo, no reflexo, manifesta certa autonomia da vontade. A eficácia pessoal se encontra ausente do momento do reflexo, que é uma ativação do corpo. A síntese entre a ação e o movimento é realizada, sem cessar, no indivíduo normal. Ter ou carecer de habilidade no corpo se reflete no movimento. A *habilidade* está relacionada com *habitus*, que implica tanto em uma habilidade mesma quanto em uma virtude. As primeiras habilidades se desenvolvem com os movimentos corporais. A vontade influencia o surgimento das primeiras habilidades motoras. A síntese entre o movimento e a ação acontece nesse momento. A eficácia é experienciada nos movimentos difíceis, como escalar uma montanha, uma intervenção cirúrgica. A habilidade, nos movimentos normais, reduz a necessidade da atenção. A experiência da eficácia consciente é, então, menor. A mobilidade é inata e em parte adquirida. Podem-se observar, na síntese ação-movimento, várias formas de desintegração exclusivamente somáticas. Mostra-se a impotência para se realizarem certos movimentos, quando há a ausência de certo órgão ou membro do corpo. Essas deficiências somáticas só têm significado físico, nunca moral. A perda de uma parte do corpo pode provocar dificuldades ou limitações para a atuação da pessoa. Essas restrições são *externas*, enquanto não deformam a consciência ou não eliminam a autodeterminação da pessoa.

2.3. A pessoa, o corpo próprio e os impulsos

Karol Wojtyla usa os termos *impulso* e *instinto* com sentidos diferentes. Denomina *reatividade instintiva*, quanto ao corpo humano, e *movimentos instintivos*, que são *respostas*. Não seria adequado, para ele, nomear de *impulsos* estas manifestações.

Temos o impulso de conservação, o sexual ou o reprodutor. O impulso não se refere a uma ação concreta do sujeito somático com um objetivo determinado. É a reação *instintiva*, conforme a fala coloquial. O impulso de autoconservação é comum em reações vegetativas variadas. Ele existe para proteger a vida vegetativa e seu desenvolvimento adequado. O organismo possui mecanismos automáticos de autoproteção, segundo as regras da natureza.

O impulso de autoconservação, por outro lado, exprime uma significação metafísica. Ele expressa a necessidade de existir, presente em toda a estrutura do ser humano. Esse impulso parece coincidir com a consciência de que *é bom existir e viver*. Ele manifesta que a existência possui um valor fundamental. O impulso de autoconservação, por esse valor, converte-se em uma preocupação que é essencial para o ser humano. Ele, entretanto, não possui domínio pleno sobre a pessoa porque o homem pode negá-lo. Põe-se a questão se o suicida quer deixar de existir totalmente ou procura escapar de uma forma de vida que lhe é insuportável.

O impulso sexual possui origem somática e penetra a psique, chegando, por ela, inclusive, à esfera espiritual do ser humano. Esse impulso exprime o desejo que o ser humano traz consigo de compartilhar com seu semelhante. O desejo sexual se origina da semelhança e da diferença entre os dois sexos. O impulso sexual se transforma na *origem da propagação da vida* e, simultaneamente, no *impulso reprodutor*. O impulso procriante manifesta reações nos limites da realidade corpórea. Essas respostas podem ocorrer espontaneamente. A pessoa humana possui, entretanto, suficiente consciência delas, de forma que pode controlá-las. O ser humano deve direcionar o dinamismo de seu corpo, guiando-o a seu fim. O desejo sexual expressa também caráter emotivo em pessoas, nas quais ele, de forma especial, é forte.

Os impulsos de autoconservação e sexual estão enraizados profundamente no corpo, em sua reatividade. Karol Wojtyla, a respeito desta questão, se os impulsos, na pessoa, vêm em primeiro lugar em relação ao que são essas reações em si mesmas, ou têm em vista o *valor objetivo dos fins*, tende a ficar com a última alternativa.

3. A pessoa e a integração do psiquismo

A referência que o termo *psique* faz à alma não é diretamente metafísica. O primeiro sentido de sua aplicação é *físico* ou *fenomênico*. O termo *psique*, no grego, indica aquilo que possibilita a integridade do ser humano, quanto a seus componentes. O vocábulo *psique*, na verdade, equivale a *alma*, mas não são sinônimos. Os termos *psique* e o adjetivo *psíquico* expressam as manifestações da vida humana que, em si mesmas, são imateriais ou incorpóreas. Elas, entretanto, dependem do corpo, em certo grau. Os sentimentos, a visão, por exemplo, dependem do corpo, dentro de certo limite, mas são, em si mesmos, incorpóreos. As funções somáticas, por outro lado, condicionam as funções psíquicas. A filosofia aristotélica, em seu realismo, quanto ao mundo físico, trouxe uma enorme contribuição para o conhecimento das diferenças e das relações entre o corpo e a psique. O condicionamento da esfera psíquica pela somática fundamenta a integração da pessoa na ação. Essa integração é dinâmica, não estática. Ela pode ser, quanto à direção, do exterior para o interior, na medida em que as funções psíquicas são condicionadas pelas somáticas, e do interior para o exterior, quando acontece a expressão somática das funções psíquicas. O psiquismo, de fato, relaciona-se com o somático. Seu relacionamento constitui a base das conclusões da relação do corpo e alma e do espírito e matéria em um plano mais distante. Não se pode afirmar, por outro lado, que existe uma *constituição psíquica*, se comparado com a constituição somática. A psique é essencialmente diferente do corpo. Ela não apresenta características *externas* da realidade corporal, não é material, no mesmo sentido que é o corpo. As funções da psique internamente condicionam-se pelas funções do elemento corporal, porém, não se reduzem ao somático. Pode-se afirmar ainda que a denominada interioridade do ser humano faz referência à espiritualidade e à psique. É justificável, por outro lado, ver o corpo e a psique como um todo.

3.1. A pessoa, o psiquismo e a emoção

Os termos *emotivo* e *emotividade*, do latim *movere*, referem-se a movimento. Eles, etimologicamente, nada diferem do dinamismo puramente somático.

A emotividade é uma característica da psique. A característica, própria do corpo, é a reatividade. A emotividade constitui a característica mais significativa do dinamismo e da potencialidade psíquica da pessoa humana. A emoção, que pode ser associada com *emotivo*, é semelhante ao que se processa entre a reatividade e a reação. O vocábulo *emotivo* indica um conjunto de manifestações da emotividade do psiquismo. Os termos *emotividade* e *emotivo* exprimem mais que, exclusivamente, os sentimentos. Expressam também as emoções e as sensações. As emoções e os sentimentos são diversos. Eles são, muitas vezes, definidos por um atributivo. Encontram-se, por exemplo, as emoções artísticas, os sentimentos morais.

A diferença entre a reação e a emoção e entre a reatividade e a emotividade se mostra quando se comparam esses dinamismos. A ativação somática não supera a potencialidade corporal, quando se dão a reatividade e a reação. Existe, na emoção e na emotividade, uma transcendência essencial e qualitativa. É necessário sublinhar, inclusive, que as emoções não se reduzem às reações e a emotividade à reatividade. O condicionamento do psíquico ao somático constitui a relação intrínseca entre eles. A emotividade, por sua vez, encontra-se condicionada pela reatividade. Pode-se falar de *reações psíquicas*. A expressão *alguém reage de tal forma* indica o comportamento global. Incluem-se na ação, nesse caso, elementos somáticos e a resposta consciente frente a determinado valor.

3.2. A pessoa, o psiquismo, o desejo e a excitação

A sensibilidade e a racionalidade se diferenciam e se relacionam no campo do conhecimento. Os sentidos, na filosofia aristotélica, são os meios para se entrar em contato com a realidade objetiva. A relação entre a sensibilidade e a racionalidade se realiza também no terreno do *apetite*. O conhecimento se fundamenta na experiência sensorial. A sensibilidade, entre outros casos, pode dificultar a racionalidade do exercício da vontade livre da pessoa humana.

A excitação ocorre no sujeito. Ela é uma expressão da sensibilidade. A excitação, em suas origens, não afeta necessariamente os sentidos. O estímulo pode vir da experiência de um valor inacessível a eles. O que acontece, então, é mais uma exaltação de natureza espiritual que pode ser acompanhada, no sujeito, de uma excitação sensorial, inclusive corporal. Essa seria a diferença entre a excitação e a exaltação. A excitabilidade é a capacidade de excitação. Refere-se ao despertar das emoções. Possui caráter repentino, explosivo. A emoção se exprime de forma irracional. A excitabilidade é um componente dos impulsos. A reatividade e a excitação são expressões das forças da natureza que apontam o valor mais fundamental, que é a existência mesma.

As comoções, por sua vez, distinguem-se da excitação. A comoção se encontra na esfera das emoções profundas. Mostram maior intensidade e profundidade. As sensações corporais, na emoção profunda, cedem a prioridade aos sentimentos espirituais que se referem, por exemplo, à experiência estética, à cognoscitiva, à emoção que se vincula à esfera do bem e do mal. Max Scheler considerava que a emoção moral é a mais profunda manifestação da emotividade da pessoa humana. O núcleo da afetividade do ser humano é a comoção. As emoções podem invadir o campo da vontade, quando se convertem, então, em atitudes afetivas. Origina-se o estado afetivo, ocorrendo uma integração da psique.

Existem variadas emoções, como a alegria, a ira, a ternura, o amor e o ódio. Elas podem mesclar-se, como um pintor mistura as tintas de cores diversas, e se intensificarem ou se destruírem mutuamente. As emoções, na verdade, pertencem à estrutura do que *ocorre* no homem. Os gregos as entendiam como algo irracional, o que resultou na identificação delas com a sensibilidade. É possível a sublimação das emoções. Seu conteúdo, por outro lado, é emotivo e não cognoscitivo, nem apetitivo.

3.3. A pessoa, o psiquismo, os sentimentos e a consciência

Karol Wojtyla afirma que a emotividade, em seu aspecto psíquico, encontra-se entre a corporalidade e a espiritualidade. Essas duas realidades não se separam, mas se mesclam e se unem. Conforme nosso autor,

> tudo o que determina e constitui a transcendência – sua atitude frente à verdade, ao bem e à beleza, junto com a faculdade de autodeterminação que a acompanha – suscita no ser humano uma ressonância emotiva muito profunda.[4]

A capacidade de sentir encontra-se próxima à capacidade de reagir a estímulos. Os efeitos psíquicos se expressam nos sentimentos que, entretanto, não constituem, em si mesmos, um reflexo somático. Sua resposta difere essencialmente da resposta motora,

---

[4] *Ibid.*, p. 264.

mesmo que se manifestem juntas. A mão que se afasta instintivamente do objeto quente é um exemplo.

A subjetividade somática não é refletida pela consciência. A subjetividade psíquica, por sua vez, insere-se na consciência. É o sentimento que possibilita o corpo se converter em conteúdo da consciência. O componente corpóreo constitui a fonte da sensação, que permite à pessoa experienciar sua dimensão corporal. O funcionamento interior do corpo se introduz na consciência a partir, por exemplo, da dor física. A estrutura somática do ego inteiro, que é o ser humano, e não de uma *subjetividade* distinta do corpo, é revelada pelas sensações que expressam o corpo à pessoa, que se apercebe, então, até onde o corpo próprio participa de sua existência e de seu agir. A pessoa experiencia uma sensação, experiência que lhe manifesta um valor que é o de ela se encontrar bem ou mal.

A experiência da subjetividade integral da pessoa é possibilitada pela sensação do próprio corpo. O constituinte corpóreo e a consciência se encontram unidos, nessa experiência, pelo sentimento. Essa experiência constitui a manifestação mais elementar da psique do ser humano. É também o reflexo mais próximo, na psique, da corporeidade do homem.

As sensações de que temos conhecimento se subordinam à consciência. O ser humano, entretanto, não possui a sensação de sua consciência. Não sente sua consciência. A referida subordinação, todavia, é a condição da autodeterminação, do autogoverno e da autoposse. Ela condiciona, inclusive, a realização da ação. O corpo se inclui na subjetividade da pessoa humana. Ela dispõe da consciência de que seu corpo só a ela pertence e que ele é distinto de todos os outros corpos. A experiência normal da corporeidade passa a constituir também a integração.

A pessoa humana é capaz de uma sensação integral de si mesma e não apenas do próprio corpo. Ela pode sentir que determina o dinamismo de seu ego e que experiencia a sensação do mundo. Mostra-se, por sua vez, a experiência de seu ego *enquanto ser-no-mundo*. A sensação, entretanto, relaciona-se com o alcance dos sentidos e não com as atividades superiores da mente e com os conteúdos desta. Não existem, entretanto, esferas estanques na pessoa. A sensibilidade e a emotividade, por seu lado, não se identificam. O ser humano, entretanto, não tem uma sensação só do corpo e dos corpos em geral, mas, inclusive, de *sentimentos estéticos, religiosos ou morais*. A emotividade corresponde, portanto, de certa forma, à realidade espiritual e não, simplesmente, ao que é sensorial na pessoa humana.

Não basta a integração dos sentimentos por meio da consciência. É necessária a integração através da *veracidade*. Os sentimentos não constituem a única fonte de conhecimento dos valores, como pensam os emocionalistas. Karol Wojtyla declara que

> a fusão da sensibilidade com a veracidade é condição necessária para a experiência dos valores. Só com base nessa experiência, decisões podem ser tomadas e eleições autênticas são realizadas.[5]

O entendimento da integração possui, neste momento, grande importância. A resposta da pessoa humana, frente aos valores, dar-se-á em nome da verdade e não do sentir. Se assim não fosse, o homem seria movido pelo o que *ocorre* e não pela autodeterminação e pelo autogoverno. Alguma ação, inclusive, poderá ser realizada em oposição aos próprios sentimentos que ocorrem no momento de ela se concretizar. A sensibilidade é enriquecedora da natureza humana. A veracidade deve impregná-la, entretanto, no que se refere aos valores. O interesse de nosso autor centra-se mais *na experiência do valor do que no valor da experiência*. As emoções mostram o valor que existe independentemente delas; e o conhecimento dos valores se processa paralelamente a essa indicação. As emoções, por si mesmas, não conhecem nem desejam os valores. Quanto mais a consciência é penetrada pelo *reflexo emotivo*, maior é a experiência do valor. A verdade sobre o bem, entretanto, tem o poder de guiar o intelecto na eleição e na decisão, verdade que

---

[5] *Ibid.*, p. 271.

é, por sua vez, prioritária relativamente à emoção. A força e a capacidade do intelecto não rejeitam os valores, em nome de uma *transcendência pura*, apesar de elas manterem certo distanciamento dos valores que espontaneamente são experienciados. A relação entre a transcendência e a integração das emoções é uma exigência da verdadeira subordinação à verdade. A verdade é entendida, aqui, como um princípio controlador das eleições e decisões da vontade livre. A experiência do valor, por sua vez, parece ser o fato mais significativo da emotividade humana. Essa experiência é que distingue a emotividade da reação puramente corporal. A reatividade do corpo apresenta sinais de referência a valores como, por exemplo, os instintos humanos. Os valores, nesta área, entretanto, não manifestam verdadeira influência. A possível explicação desse fato se encontra na ausência de conexões entre os dinamismos corporais, enquanto eles mesmos, e a consciência. As emoções possuem o poder de atrair a consciência porque são acessíveis a ela.

A orientação espontânea do dinamismo emocional até certos valores pode ser repulsiva ou atrativa, indicando algo negativo ou positivo. A pessoa humana, para Karol Wojtyla, encontra-se emocionalmente inclinada para o bem e em oposição ao mal. Esse fenômeno possui raízes profundas em sua natureza e não é tanto resultante, apenas, de um dinamismo emocional.

3.4. A pessoa, a emoção e a eficácia

Existe, na esfera das emoções, certa tensão entre eficácia e subjetividade da pessoa humana. As emoções ocorrem no homem enquanto sujeito. Existe, na raiz delas, uma eficácia que é espontânea e psíquica. É espontânea no sentido de que ela se apresenta como independente da eficácia propriamente dita do ser pessoal. O ser humano, quando experimenta as paixões, tem consciência de que algo está ocorrendo nele. Percebe que não é ele mesmo que está atuando. Conscientiza-se de que perde o controle de si. Mostra-se, dessa forma, um conflito entre a espontaneidade e a autodeterminação.

Os estóicos e Kant pensaram que a afetividade é desintegradora. Rechaçaram, por isso, as emoções. O homem, para eles, deve agir exclusivamente conforme a razão. Aristóteles, Max Scheler, que critica Kant, e Karol Wojtyla rejeitam essa concepção. Afirmar a desintegração pela emoção é resultado de um apriorismo e antropológico ético. A essência de todo o apriorismo é ignorar o testemunho da experiência. Uma forma de idealismo expressa esse pessimismo, que é o de entender que a pessoa se encontra *a priori* condenada à desintegração. Nenhuma emoção ou paixão é, na verdade, por si, desintegradora da pessoa que atua. Mostra-se, então, se o autogoverno e a autopossessão são partes da estrutura pessoal, a necessidade da integração quanto à emotividade do ser humano. A tensão entre a subjetividade e a eficácia da pessoa, graças à relação entre sensibilidade e veracidade, passa a ser criativa. Essa tensão, entre a vontade e a emoção, entre a subjetividade e a eficácia, refere-se à subjetividade que se correlaciona com aquilo que *ocorre* no homem e não ao sujeito enquanto suporte ôntico. A emoção, por outro lado, pode ser superficial ou profunda. Poderá, se profunda, transformar-se em um estado psíquico permanente, havendo uma progressão de uma atitude interior. Uma expressão de raiva se desenvolverá para uma atitude de raiva, um ódio momentâneo crescerá em direção a uma atitude de ódio. Essas manifestações se transmudam em elementos intrínsecos e em fator de poder emotivo e dinamismo do ser humano, aproximando-se da autodeterminação. A atitude emocional resulta da influência das emoções sobre a vontade que, então, tende a absorver a atitude que o dinamismo emocional lhe trouxe. É uma atitude subjetivista, porque a emoção é fonte de subjetivismo. A eficácia, assim, é dominada pela subjetividade. A emoção, portanto, pode diminuir o espaço que separa a eficácia e o ego subjetivo. A emotividade impõe sua realidade à vontade, o que constitui, apenas, um obstáculo à vontade e não a desintegração da pessoa que age. A emocionalização da consciência, como já foi visto, é limitadora. A emoção, quando em excesso, influencia a consciência de forma restritiva, ficando a capacidade de se experienciar normalmente afetada. Surgem resultados negativos quanto à eficácia, à autodeterminação e à transcendência da pessoa que atua. O estado limite se apresenta, ocorrendo a subjetivação provocada pela emoção, na divisão da subjetividade humana da eficácia consciente. O homem deixa de ser responsável porque já não mais atua conscientemente. Sua responsabilidade pode ser questionada quanto à gênese e ao desenvolvimento que culminaram nesta situação, em que ele já não é mais capaz de ser responsável por seu agir.

A destreza, chamada *virtude*, na ética, é o meio pelo qual se conquista a integração da pessoa e da ação que se fundamenta na emotividade. A virtude é um valor moral, o que indica uma relação com uma norma. Pode-se afirmar que

> a moralidade determina intrinsecamente a humanidade e a natureza pessoal do homem. A experiência da moralidade é, portanto, um componente integral da experiência do homem. Sem ela, não seria possível nenhuma teoria da pessoa em ação – da pessoa e da ação.[6]

A integração deve realizar a estrutura pessoal de autogoverno e de autopossessão com base na subjetividade psíquica. Essa estrutura se forma mediante variadas destrezas e habilidades. Deve-se, para isso, usar, o melhor possível, a energia do psiquismo e não eliminá-la. A vontade, por seu lado, limita a espontaneidade dessa energia e, por vezes, chega a assimilá-la parcialmente. Essa assimilação aumenta a energia da própria vontade, o que é a missão da destreza. Como resultado da integração que desenvolve e que aperfeiçoa a psique, em referência à verdade, a vontade aprende, guiada pela razão, a decidir pelo bem e a rejeitar o mal. A integração da pessoa, quanto a essa decisão, dura a vida inteira. Karol Wojtyla declara que

> toda imagem adequada da integração da pessoa, na ação, deve incluir o princípio de complementaridade: a integridade complementa a transcendência da pessoa, que se realiza através da autodeterminação e da eficácia. Nesta dimensão, a ação humana

[6] *Ibid.*, p. 293.

é uma resposta consciente a um valor através da decisão ou da eleição. Mas essa resposta também deve utilizar sempre, de uma ou outra forma, os dinamismos somáticos e psíquicos.[7]

Realiza-se, dessa forma, a unidade da ação. A sensibilidade humana aos valores encontra base nas emoções. Um ato de vontade, na eleição e na decisão, sempre se caracteriza como uma resposta a valores. Essa resposta, entretanto, define-se cognoscitiva e intelectualmente. Karol Wojtyla rejeita, portanto, o anti-intelectualismo.

4. A integração e a relação corpo e alma

É na transcendência, e não na integração da emotividade, que se encontram os *significados mais profundos da espiritualidade da pessoa.* A transcendência é que fundamenta a afirmação da espiritualidade da alma humana.

O único meio para que a relação entre a alma e o corpo seja percebida é a experiência integral da pessoa humana. A integração da pessoa, em ação, implica investigar a experiência humana em sua integralidade, o que objetiva alcançar uma compreensão integral e profunda do ser humano e não uma sua simples descrição fenomenológica. Os dinamismos somático e psíquico se transmudam, pela integração, no dinamismo pessoal e submetem-se à transcendência da pessoa que atua. Os dinamismos do corpo e do psiquismo se ajustam na estrutura de autogoverno e de autopossessão da pessoa. Essa experiência parece ajudar a entender o que se tem denominado de *homem superior* e *inferior*. A experiência da transcendência da pessoa que age, entretanto, não implica, como já se afirmou, uma experiência direta da alma. A experiência da integração, que se relaciona com a transcendência, da mesma forma não pode ser identificada com a relação corpo-alma. A existência da alma e sua relação com o corpo constituem realidades *transfe-*

[7] *Ibid.*, p. 262.

nômenicas e *extraexperimentais*. A alma, em si mesma, e sua relação com o corpo não se dão diretamente na experiência da pessoa humana. A experiência integral do ser humano, entretanto, indica a realidade objetiva da alma e que ela se encontra em relação com o corpo. Somente a metafísica possibilita que se aproxime da relação alma-corpo.

A integração e a transcendência se originam na alma. O corpo-matéria é a fonte do dinamismo somático e, de forma indireta, do psicoemotivo. A integração desses dinamismos possui, portanto, a alma como origem comum com a transcendência da pessoa. A alma seria, enfim, o princípio transcendente e de integração da pessoa. Nosso autor considera que sua investigação se aproximou muito de uma conclusão afirmativa quanto a essa questão.

Há, portanto, uma *espécie de fronteira* no interior do ser humano que limita o dinamismo e, consequentemente, a potencialidade do corpo. Manifesta-se uma capacidade espiritual que parece ser a fonte da transcendência e, de forma indireta, a raiz também da integração da pessoa que atua. Esse limite, que se estabelece de maneira intrínseca, não equivale à fronteira entre o corpo e a alma. A experiência da integração, para Karol Wojtyla, contesta essa concepção que seria uma verdadeira simplificação. A experiência da integração, por outro lado, aponta que o relacionamento entre o corpo e a alma perpassa todos os limites da experiência. Revela, inclusive, que essa relação é mais fundamental e profunda do que todas aquelas fronteiras. Karol Wojtyla conclui que

> dessa maneira temos confirmado, ainda que seja indiretamente, nossa afirmação anterior de que a realidade completa da alma e da relação da alma com o corpo só se pode expressar corretamente em termos metafísicos.[8]

A pessoa humana não vive só. Ela vive e age juntamente com os outros homens. Refletir-se-á, no capítulo seguinte, sobre a participação como outro componente constitutivo do homem-pessoa.

---

[8] *Ibid.*, p. 301.

Capítulo IV

A PESSOA HUMANA E A PARTICIPAÇÃO

1. O que é a participação

A ideia de participação significa, em certo sentido, *tomar parte em algo*. Uma reunião de pessoas pode ser uma forma estática de estar junto com os outros, não realizando, entretanto, a essência da participação. A participação consiste na transcendência da pessoa na ação, na medida em que essa se realiza *junto com os outros*. O fenômeno participativo corresponde, inclusive, à integração da pessoa na ação, o que é um aspecto complementar da transcendência. A participação, fundamentalmente, significa que, quando a pessoa atua junto com os outros,

> conserva, em seu atuar, o valor personalista de sua própria ação e, ao mesmo tempo, tem parte na realização e nos resultados da atuação em comum.[1]

A participação se caracteriza pela atuação do ser humano junto com os outros e consiste numa propriedade específica da pessoa que, ao agir junto com seus semelhantes, deve manter seu ser pessoal.

---

[1] *Ibid.*, pp. 314-315.

O homem, em geral, sempre atua juntamente com os outros homens. Karol Wojtyla introduz a noção de *participação* como substituta de *intersubjetividade*, enquanto categoria cognoscitiva. A participação é a nova dimensão que o homem descobre nele mesmo, enquanto pessoa, na medida em que atua junto com os outros seres humanos. A pessoa e a ação são dois elementos que se correspondem mutuamente. Cada um mostra e explica o outro. A participação é o elemento novo, sobre o qual se refletirá agora, ainda que ele já estivesse subentendido nas reflexões anteriores. A pessoa, na participação, é vista em suas relações sociais ou comunitárias. Ela encontra, na existência pessoal, o modo de ser social. Pretende-se, em seguida,

> ressaltar o aspecto da correlação dinâmica da ação com a pessoa que se dá como consequência do fato de que o homem vive e atua junto com os outros.[2]

As ações humanas se realizam em variadas relações sociais. A correta compreensão da cooperação é resultante de uma integral compreensão da atuação da criatura humana. A cooperação, este atuar junto com os outros, sem a participação, elimina das ações do homem seu valor próprio de pessoa. Existem situações, no atuar junto com os outros, em que a autodeterminação, a transcendência e a integração são limitadas de maneiras diversas. Quando isso acontece, quase não se pode falar de *atuar junto com os outros*, no sentido de que sejam autênticas ações pessoais. O agir pode converter-se em *ocorrer*, em situações em que o homem se encontra sob a influência de outros seres humanos. Um grande grupo de pessoas, comportando-se de forma descontrolada, pode ser um exemplo desse *ocorrer*. A participação implica, portanto, na transcendência e na integração da pessoa que age nas relações interpessoais. O ser humano, ao participar, elege

---

[2] *Ibid.*, p. 307.

aquilo que é eleito pelos outros ou, ainda, porque os outros o elegeram. A transcendência e a integração, nessa eleição, entretanto, devem ser salvaguardadas. Qualquer ação realizada juntamente com os outros homens mostra inserida, em si, a realidade fundamental da correlação da pessoa e da ação. O objetivo dessa investigação não é a atuação da pessoa humana do ponto de vista especificamente sociológico. A natureza social ou comunitária do homem constitui parte de sua natureza da pessoa. Karol Wojtyla considera que o ser antecede a ação. A pessoa é anterior e vale, fundamentalmente, mais que a ação. O valor da pessoa é anterior e a ele se condicionam todos os valores éticos. A realização em si da ação, pela pessoa, constitui um valor personalista porque a pessoa que age se autorrealiza na mesma ação que empreende. A realização da ação expressa, portanto, uma significação ontológica e axiológica. A relação entre os valores éticos e os personalistas não significa sua identificação. O valor personalista implica que a pessoa se atualiza na ação pelo desenvolvimento de sua estrutura de autogoverno e de autopossessão. O valor ético põe suas raízes nessa atualização, que é um exercício da ação. Ele cresce sobre a base do valor personalista que o perpassa. Um significado, indiretamente normativo, é fornecido pela teoria sobre a pessoa. Essa teoria indica a maneira como a pessoa se realiza em sua atuação, junto com os outros, e as obrigações que derivam do princípio de participação. A aspiração a essa forma de participação passa a ser um dever de todos, porque é assim que a pessoa se realiza. Dessa forma,

> toda a comunidade de atuação, ou toda a cooperação humana, deveria ser orientada de forma que fosse possível que a pessoa, que permanece dentro de sua órbita, autorrealize-se mediante a participação.[3]

A ação deve realizar-se porque possui valor ético e porque a pessoa tem o direito, que é básico e natural, de executar e de se realizar em suas ações. Esse direito é natural no sentido de se derivar

[3] *Ibid.*, p. 318.

do fato de que a pessoa é *pessoa*. O referido direito adquire seu total significado e importância como direito quando se fundamenta no atuar da pessoa humana junto com as outras. A participação, assim, tem seu significado normativo confirmado.

A participação pode ser limitada ou definitivamente frustrada, porque a própria pessoa assim o motivou e por razões externas a ela, que se originam dos defeitos dos sistemas que determinam o funcionamento da comunidade de atuação. Esses sistemas são o individualismo e o *totalitarismo objetivo*. Ambos têm significação axiológica e, indiretamente, ética.

2. O individualismo e o totalitarismo

O individualismo afirma que o indivíduo é o bem social supremo e fundamental. Todos os interesses da sociedade devem submeter-se a ele. O individualismo resulta na eliminação da participação. Ele isola a pessoa e concentra o indivíduo sobre si mesmo e sobre o próprio bem. O homem-indivíduo isola-se dos demais homens. O bem dele é considerado como que oposto aos outros seres humanos e a seu bem. O ser humano, reduzido a indivíduo, na melhor das situações, quer se autopreservar e se autodefender. O atuar junto com os outros é uma necessidade à qual ele tem de se submeter, em vista do próprio interesse. Os outros homens são compreendidos como limites para o real desenvolvimento das características positivas do indivíduo. O outro é um opositor e rival frente às vantagens que aspira conseguir. O objetivo da sociedade, na concepção do individualismo, é *proteger o bem do indivíduo do perigo dos "outros"*.

O totalitarismo, contrariamente ao individualismo, subordina de forma incondicional o indivíduo à sociedade. O totalitarismo necessita proteger-se do indivíduo, que é considerado o inimigo mais importante do bem comum e da sociedade. O bem comum só pode ser conquistado na medida em que se limita o indivíduo. O totalitarismo entende que o único desejo que o indivíduo possui é o de se apropriar do bem individual. O homem-indivíduo desconhece a realização no atuar junto com os outros. O bem que o totalitarismo pretende não é factível na vida do indivíduo. O sistema totalitário, para a realização do bem comum, portanto, recorre frequentemente à coerção. Karol Wojtyla entende que o totalitarismo é um *individualismo invertido*.

O individualismo e o totalitarismo, na base, apresentam a mesma concepção do ser humano. Eles são impersonalistas ou antipersonalistas, porque a concepção personalista, contrariamente a ambos os sistemas, entende a pessoa como capaz de participação. A participação deve ser cultivada, amadurecida, desenvolvida. A atuação e a existência junto com os outros permitem à pessoa humana seu próprio desenvolvimento. Toda e qualquer pessoa tem o direito de atuar, o que leva à negação do individualismo e do anti-individualismo, que é o totalitarismo. As duas concepções do homem não parecem poder apoiar uma comunidade humana que seja autêntica. A participação, em uma verdadeira comunidade humana, deve estar presente como componente e direito do ser humano. A pessoa e a comunidade, no agir com os outros, podem chegar a uma harmonia profunda, ao contrário do que o individualismo e o totalitarismo professam.

3. A qualidade da participação

A comunidade não é, por outro lado, o sujeito da atuação, do agir. O homem-pessoa, no atuar junto com os outros, deve continuar a ser o sujeito desse agir e do existir. A pessoa antecede a comunidade e é o real sujeito do atuar. Introduz-se, entretanto, uma nova realidade ou uma *nova subjetividade*, que se constitui pelas pessoas que participam da comunidade. Os termos *comunidade*, *sociedade* ou *grupo social* exprimem uma ordem acidental. As realidades denominadas por esses termos não constituem, reafirma-se, um sujeito novo de atuação. As pessoas continuam a ser os sujeitos reais do atuar.

Os membros da comunidade demonstram uma relação que pode ser entendida associativa e qualitativamente. Encontram-se alguns tipos de relações diferentes dos membros da comunidade, que podem ser de *parentesco*, na família, de *compatriota*, na nacionalidade, de *cidadão*, na sociedade que se representa pelo Estado. Existem outros grupos sociais que se associam a partir de princípios que são distintos como, por exemplo, os princípios religiosos. Interessa a nosso autor, mais que a relação associativa social, a qualidade de membro comunitário. Os termos *irmão*, *irmã*, por exemplo, destacam mais os liames de família do que a palavra *parentesco*. O mesmo ser humano pode encontrar-se como membro de comunidades diferentes.

A chave do problema, todavia, é que a qualidade de membro de qualquer comunidade não pode ser identificada com a participação. O fim objetivo que impulsiona os homens no sentido de atuar juntos é atendido pela comunidade de atuação. A verdade, porém,

> do ponto de vista da pessoa e da ação, o que tem importância não é unicamente a comunidade objetiva de atuação, mas também seu momento subjetivo, que temos denominado "participação". O que interessa saber é se um homem que pertence a uma comunidade de atuação, (...) em sua atuação comunitária, pode executar verdadeiras ações e autorrealizar-se nelas: essa execução e a realização que produz estão determinadas pela participação.[4]

Uma pessoa que pertence a uma comunidade de atuação pode realizar e se realizar em autênticas ações, o que é decisivo exclusivamente mediante a participação. Uma comunidade pode permanecer na dimensão objetiva e não passar para o nível subjetivo quanto à atuação.

3.1. A participação e o bem comum

A solução do problema da comunidade e da participação deve ser buscada no bem comum e não na própria realidade do

[4] *Ibid.*, pp. 326-327.

atuar *junto com os outros*. O bem comum para um grupo de trabalhadores, por exemplo, que cava uma vala, e para um outro de estudantes, que assiste a uma palestra, pode identificar-se com facilidade com o fim de ambos os grupos que é, para o primeiro, a escavação e, para o segundo, a informação. Esses bens entram numa *cadeia teleológica*, sendo cada um meio para outro fim. É superficial e simplismo, entretanto, identificar o bem comum com o objetivo comum. A atuação comum possui um objetivo exterior e puramente *material*. Não se pode identificar o bem comum sem levar em conta, ao mesmo tempo, a dimensão subjetiva da atuação. Tendo em vista o momento subjetivo,

> quando consideramos esse momento, vemos que o bem comum não consiste unicamente no objetivo da atuação comum executada por uma comunidade ou por um grupo; na realidade, consiste também, e inclusive primariamente, naquilo que, de alguma maneira, condiciona e inicia, nas pessoas que atuam juntas, sua participação e, por isso mesmo, desenvolve e configura nelas uma comunidade subjetiva de atuação.[5]

O bem comum é o fim da atuação que corresponde ao duplo sentido de subjetivo e objetivo. O sentido subjetivo se relaciona, de forma íntima, com a participação e manifesta a natureza social do ser humano. O bem comum se vincula à natureza social da pessoa humana, na medida em que origina, numa perspectiva axiológica, aquilo que possibilita a existência comunitária. O bem comum, dessa forma, constitui a base da verdadeira comunidade humana. A comunidade de ser permite a seus membros uma eleição dos interesses convergentes, cujo resultado final seja a realização da pessoa. O homem tem como objetivo, devido à participação, na comunidade que se fundamenta no bem comum, o serviço à mesma comunidade. Ele renuncia, com gosto, o bem individualizado, tendo em vista o bem comunitário. Esse

[5] *Ibid.*, p. 329.

sacrifício se realiza na medida em que a pessoa é capaz de concretizar sua participação. É exatamente essa capacidade atualizada que lhe permite autorrealizar-se, porque participar não se opõe a sua natureza. O aspecto quantitativo da realidade social não é o que determina a superioridade do bem comum sobre os bens individuais, no sentido de que ele influencia a maioria ou a um número grande de indivíduos. Ele é determinado por sua natureza intrínseca.

3.2. As atitudes autênticas e inautênticas

As atitudes autênticas se revelam pela solidariedade e pela oposição. É necessário lembrar que a execução de uma ação é um bem e, porque possui um valor intrínseco, ela passa a ser uma obrigação.

A atitude de solidariedade é uma consequência natural do viver e do atuar junto por parte dos seres humanos. O bem comum condiciona e inicia a participação e ela, por sua vez, impulsiona a realização do próprio bem comum. A solidariedade é a atitude de se dispor a realizar constantemente a parte que cabe a cada membro que participa da vida comunitária. Essa atitude, até certo ponto, resulta como uma defesa dos direitos e deveres das demais pessoas que integram a comunidade. A solidariedade harmoniza-se com a participação, porque transcende toda a divisão e a atitude de particularismo. A solidariedade possui a característica da complementaridade, o que significa que cada membro da comunidade *complementa*, por sua ação, o que falta naquilo que realizam os demais membros. A complementaridade é um elemento inerente à participação. A pessoa humana, ao complementar as outras, encontra a própria realização. A participação possui sua dimensão subjetiva, enquanto propriedade da pessoa. Sua dimensão objetiva, por sua vez, consiste naquilo que cada pessoa deve desempenhar em sua vida em comum.

A oposição, por seu lado, não se contradiz com a solidariedade. O opositor autêntico permanece em sua disposição de colaborar para o bem comum. Sua forma de entender o bem comum e os meios para sua consecução é que são diferentes. O opositor, assim entendido, busca seu lugar na comunidade e existe nele uma necessidade forte de participação. Uma comunidade, estruturada de forma adequada, permite uma oposição autenticamente bem conduzida. É necessário, entretanto, entender e cultivar o sentido da experiência dialogal. O diálogo pode ser interpretado de distintas formas. Ele, neste estudo, é compreendido como o exercício que forma e que fortalece a solidariedade entre as pessoas mediante a oposição. A existência em comum e a cooperação podem ser dificultadas pela oposição, que, entretanto, nunca deveria prejudicá-las e, menos ainda, obstaculizá-las. O diálogo se caracteriza por ressaltar, em situações conflitantes, o que há de verdadeiro e de bem e, ao mesmo tempo, excluir o que existe de preconceituoso, subjetivo e parcial nas atitudes e nas opiniões. As atitudes de solidariedade e de oposição possibilitam a participação e a transcendência da pessoa no atuar e são, portanto, autênticas porque respeitam *o valor personalista da ação.*

As atitudes autênticas, por outro lado, facilmente podem ser distorcidas em direção a atitudes inautênticas. Deve haver, portanto, um controle constante dos elementos concretos e das manifestações das atitudes autênticas. Permitir que a verdade conduza dinamicamente o processo da solidariedade e da oposição constitui a chave para esse controle. A consciência reta é o juiz, no qual a subordinação à verdade deve se refletir. A consciência reta é, na verdade, o tribunal supremo da autenticidade das atitudes da pessoa humana em seu atuar *junto com os outros.* É na consciência reta que o bem comum deve encontrar seu lugar de manifestação. São atitudes inautênticas o *conformismo servil* e o descompromisso ou evasão. Elas podem ser consequências do desvio das atitudes de solidariedade e de oposição. Estão, ao mesmo tempo, privadas da participação e do valor personalista. A atitude de solidariedade pode ser, gradativamente, convertida em conformismo e a de oposição mudar para o descompromisso. O conformismo deriva de *conformar*, o que significa tender a acolher os costumes vigentes e a assemelhar-se a eles. Essa tendência, em si natural, pode ser, em vários aspectos, construtiva e mesmo criativa. Converter-se-á em conformismo, entretanto, se for orientada para o servilismo, o que é negativo de forma extrema, porque é uma atitude de resignação e de obediência servil e uma forma de ser passivo. O homem-pessoa torna-se, exclusivamente, o sujeito daquilo que *ocorre*. Ele não amadurece como agente responsável pelo desenvolvimento das próprias atitudes, nem por seu compromisso com a realidade comunitária. Manifesta-se, aqui, um *ocorrer* que se origina fora do homem. O conformismo revela que a transcendência pessoal, a autodeterminação e a capacidade de eleição se encontram débeis, se ele não for a expressão de uma atitude de quem rejeitou declaradamente algo da comunidade ou uma *limitação manifesta*. O ser humano renunciou, então, à conquista da autorrealização mediante a atuação *junto com os outros*. A comunidade, por isso, absorve o eu do homem-pessoa. O conformismo servil pode evoluir para uma renúncia à participação. É possível uma simulação, uma aparência de participação que se caracteriza pela superficial obediência aos outros. A convicção e o verdadeiro compromisso, porém, encontram-se ausentes. Ocorre, assim, uma forma específica de individualismo e surgem consequências sobre o bem comum. O relacionamento comunitário se empobrece sob a máscara das aparências exteriores e se desenvolve mais uma conformidade exterior do que uma verdadeira unidade. Persistem, entretanto, sob a uniformidade, as diferenças que deveriam ser conduzidas à participação. Karol Wojtyla afirma que,

> quando as pessoas se adaptam às exigências da comunidade só de uma forma superficial e quando o fazem unicamente para conseguir algumas vantagens imediatas ou para evitar problemas, produzem-se perdas irremediáveis para a pessoa e para a comunidade.[6]

A evasão se define pela falta de compromisso e pelo desinteresse quanto ao bem comum. Consiste numa retirada. A pessoa se encontra desinteressada pela participação. Ela pode,

[6] *Ibid.*, p. 338.

em muitos casos, aproximar-se do conformismo. É a *evasão conformista*. Procura, no conformismo, ainda salvar as aparências. Na evasão, nem isso. Ela, algumas vezes, se conscientemente elegida, terá um valor personalista. Poderá, então, manifestar a esperança de que a distância signifique algo para a comunidade. A atitude evasiva se justifica quando a participação é impossível. A comunidade, por seu turno, deve refletir se nela não se encontra um funcionamento defeituoso, se não existe um equívoco na concepção do bem comum, na vida comunitária.

3.3. O membro da comunidade e o próximo

A pessoa pode pertencer a distintas comunidades, como já se afirmou. Essa pertença apresenta-se como um sistema de referência que, por sua vez, se relaciona com outro que desempenha importante papel na participação. O outro sistema se chama *próximo*. Ambos os sistemas se aproximam e se encontram superpostos, mas não são idênticos. O *próximo* se difere de *membro da comunidade*. Os dois sistemas colocam o ser humano na esfera de relações diversas. A participação é uma coisa, quando se refere ao *membro da comunidade*, e outra, quando remete à noção de *próximo*. Os dois sistemas, em certa medida, coincidem entre si. O *próximo* e o *membro da comunidade* não se opõem, nem se separam. A natureza social do ser humano reflete a coincidência dos dois sistemas. Os outros são *próximos* da pessoa humana na situação em que ela é membro da comunidade. O ser *próximo* realiza uma aproximação maior entre os membros comunitários. Quanto à qualidade de membro da comunidade, os próximos de cada ser humano ficam mais próximos ou distantes dele. É natural que os membros de uma família ou de uma nação se sintam mais próximos. Quanto mais as relações se estreitam, elas tendem a afastar os que são mais distantes. Ser *vizinho* é algo fundamentalmente mais importante quanto à proximidade ou à distância do que ser membro de determinada comunidade. Karol Wojtyla afirma que

> a ideia de próximo está intimamente relacionada com o homem, enquanto tal, e com o mesmo valor da pessoa, prescindindo de todas as suas relações com uma ou outra comunidade ou com a sociedade. A ideia leva em consideração unicamente a humanidade do homem. (...) Constitui, por isso, a base mais ampla da comunidade.[7]

O próximo intersubordina todas as pessoas, quanto a sua humanidade, e manifesta mútuas relações que são mais fundamentais. A comunidade das pessoas sustenta todas as demais comunidades. A comunidade que se separa daquela comunidade fundamental fica privada de sua humanidade. A ideia de próximo, aplicada em toda a sua extensão, é a última consequência do princípio de participação. Participar possui, então, um alcance maior. O homem-pessoa possui a capacidade de participar da humanidade dos demais homens e não somente de atuar junto com os outros. Fazer parte da humanidade de cada pessoa significa, em última análise, ser *próximo*. Encontra-se aí a base de toda a participação no existir e no atuar comunitários. O *próximo*, na ordem objetiva, pertence a uma comunidade e todo membro de uma comunidade é um *próximo*. A comunhão das pessoas, na ordem subjetiva da participação, entretanto, é o fato mais importante, porque participar, na humanidade de todo o ser humano, é o âmago da verdadeira participação. É também a condição do *valor personalista* do atuar e do existir junto com as outras pessoas. A participação não se realiza, exclusivamente, pela qualidade de membro da comunidade. Ela se concretiza, fundamentalmente, pela qualidade de ser *próximo*. O ser membro da comunidade é levado às últimas consequências com a referência ao *próximo*. Essa referência é superior ao *ser membro*, porque subordina e relaciona reciprocamente todas as pessoas, tendo em vista o princípio de humanidade.

---

[7] *Ibid.*, p. 342.

4. A participação e o amor

Karol Wojtyla entende o amor, nesta reflexão, não em seu conteúdo puramente ético. Ele compreende o amor como o mandamento que confirma o sistema do *próximo* e, portanto, fundamental para o existir e o atuar da pessoa junto com as outras. A importância do amor se demonstra com a justaposição do *próximo* com o próprio ego, quando é dito que, referindo-se ao amor: "ao próximo como a ti mesmo". O sistema do *próximo* supera qualquer outro enquanto referência em uma comunidade, porque ele é profundo, simples e de máximo alcance. O mandamento evangélico do amor revela certa transcendência do *próximo* em relação ao membro da comunidade. O *amarás* possui um caráter plenamente comunitário. Uma comunidade humana somente se formará quando esse mandamento estiver efetivamente presente nela. Ele é condição para a verdadeira participação.

A alienação se torna realidade na medida em que o homem se separa ou se distancia de sua humanidade, quando ele se priva do valor da pessoa. A filosofia dos séculos XIX e XX assim tem entendido a alienação. Sua manifestação demonstra o perigo eminente, à proporção que participar comunitariamente reduz ou torna obscura a participação na humanidade das demais pessoas. A alienação é a consequência, se não se subordina efetivamente ao que é essencial na atribuição de *categoria humana*, à comunidade de seres humanos. O perigo da desumanização não se parece fundar, principalmente, nas coisas naturais, no sistema produtivo e na civilização. É o ser humano que cria e tem capacidade de influenciar sobre essas realidades. O homem é, portanto, o responsável pela alienação. Ela é revelada, em sua essência e em suas raízes, pelo mandamento do amor. Karol Wojtyla escreve que

> a alienação do homem, em relação aos demais homens, procede do esquecimento ou do descuido desta profundidade real de participação, que se indica na palavra próximo, e na ideia de in-

> ter-relação e intersubordinação dos homens em sua humanidade, o princípio mais fundamental de toda a comunidade real.[8]

A natureza social da pessoa se manifesta pelos sistemas de *membro* e de *próximo*. O sistema de *próximo* deve converter-se no último critério para que as pessoas cresçam em sua coexistência e cooperação. A debilidade da participação e uma separação radical entre a pessoa e a comunidade resultam da deficiência do sistema do *próximo*. Essa situação ameaça, primeiramente, a pessoa e não a comunidade. A partir da pessoa, entretanto, estende-se a toda a realidade comunitária. Existe, portanto, uma estreita união entre a pessoa e a comunidade. É verdadeira a afirmação sobre a natureza social da pessoa. O mandamento do amor, assim, é uma norma para os seres humanos viverem e atuarem juntos. Se o mandamento do amor não for a norma da vida comunitária, as pessoas não terão a medida da missão e do que é exigido delas para que se torne realidade *todo o bem contido no atuar e no existir "junto com os outros"*, afirma Karol Wojtyla.

Demonstrados os elementos constitutivos e distintivos da pessoa humana, refletir-se-á, no que se segue, sobre a correspondente dignidade do ser humano.

---

[8] *Ibid.*, p. 346.

Capítulo V

A DIGNIDADE DA PESSOA

É fundamental, consoante, o pensamento wojtyliano, que reconhece a pessoa como valor e os valores da pessoa e a hierarquia deles.[1] A referência a escritos pontifícios demonstra que o pensamento filosófico personalista de Karol Wojtyla constitui um princípio hermenêutico para a composição dos referidos documentos.

Max Scheler se engana ao reduzir a pessoa a atos. Ela é um ser substancial e seu valor antecede ao valor de seus atos. O ser, portanto,

> é anterior à ação e, portanto, a pessoa, e seu valor é anterior e mais fundamental que o valor da ação. O valor "personalista" de uma ação, relacionado estritamente com a realização da ação pela pessoa é, por isso mesmo, origem e base de conhecimento do valor da pessoa e dos valores próprios da pessoa de acordo com sua hierarquia adequada.[2]

A afirmação da natureza e do valor transcendente da pessoa, e precisamente por assim ser compreendida como fim da ação e do amor, norma da relação interpessoal por exce-

---

[1] SILVA, Paulo Cesar da. *A ética personalista de Karol Wojtyla*, pp. 229-231.

[2] *Ibid.*, p. 310.

lência, constitui a base da concepção ética de Karol Wojtyla. Encontram-se, entretanto, em nosso tempo, fatores que dificultam e são causas de um verdadeiro retrocesso da consciência e iniciativas referentes à defesa e promoção da dignidade da pessoa humana.

1. O retrocesso da consciência humana

A afirmação teórica da dignidade da pessoa humana e seus verdadeiros direitos é, em si, algo bom, defensável e necessário. Observam-se, infelizmente, o paradoxo entre o discurso e a efetivação prática das diversas declarações e, mais grave, um verdadeiro retrocesso ao devido respeito à pessoa humana e a seus direitos.

1.1. O discurso conflita com a prática

A antropologia, implícita e pressuposta, que norteia a política, o direito e a ética na denominada civilização moderna de nosso tempo, é um dos elementos que, ao mesmo tempo, alicerça e explica o paradoxo das declarações sobre os direitos humanos. O individualismo e as ciências humanas contribuíram, poderosamente, para uma concepção fragmentada do ser humano. Os reducionismos de diversas matizes demonstram, na contemporaneidade, o quanto o homem se distanciou da realidade de si mesmo. As consequências políticas, jurídicas, éticas, socioeconômicas, culturais seguem o equívoco antropológico. A *poésis*, o fazer, sobrepuja o *sentido* e a ética. A ciência, a técnica, o direito, a política, divorciados e em oposição ao *ser*, conduzem os seres humanos a perderem a si mesmos.

As obras da criatura humana se opõem paradoxalmente a sua sobrevivência, à dignidade e ao valor da pessoa como valor.[3] A

---

[3] PAULO II, João. O Redentor do homem (*Redemptor hominis*), em: *Encíclicas do Papa João Paulo II*, par. 15-16.

consciência do valor da vida humana está ofuscada. Expressam-se, nos escritos de Karol Wotyla,

> discretas, mas explícitas referências a monstruosas aberrações dos tempos modernos, como campos de concentração, prisões e torturas. Falando como papa, constata que nos encontramos numa situação de profunda crise; é a crise do próprio homem; a crise de sua consciência humana; a crise da cultura.[4]

As declarações sobre os direitos humanos e as regras que elas inspiram manifestam, ao mesmo tempo, uma

> sensibilidade moral quanto ao valor e à dignidade de cada ser humano, (chegando-se, entretanto), a uma viragem de trágicas consequências, a um longo processo histórico, no qual, depois de ter descoberto o conceito de "direitos humanos" – como direitos inerentes a cada pessoa e anteriores a qualquer Constituição e legislação dos Estados –, incorre hoje numa estranha contradição: precisamente numa época em que se proclamam solenemente os direitos invioláveis da pessoa e se afirma publicamente o valor da vida, o próprio direito à vida é praticamente negado e espezinhado, particularmente nos momentos emblemáticos da existência, como são o nascer e o morrer.[5]

Os fatos demonstram, portanto, um processo oposto ao respeito e ao valor da vida humana, ameaçando, inclusive, o próprio convívio democrático, indo-se de uma *sociedade de "co-viventes"* a uma *sociedade de excluídos.* O *egoísmo dos países ricos* deve ser descamuflado para que as reuniões internacionais não se limitem a uma retórica estéril e enganadora.

As raízes da contradição são a deformação do *conceito de subjetividade*, que entende como sujeito de direitos unicamente o ser humano com um mínimo de autonomia e que não de-

---

[4] SÁ EARP, Pe. Ney Affonso de. Metafísica da participação e solidariedade ativa, em: *Antropologia e Práxis no pensamento de João Paulo II*, p. 135.

[5] PAULO II, João. *Sobre o valor e a inviolabilidade da vida humana (Evangelium Vitae)*, par. 18.

penda totalmente de outros seres humanos. Chega-se ao ponto de se afirmar que a dignidade do sujeito só se manifesta, experimentalmente, por sua capacidade de comunicação verbal. O nascituro, o doente terminal, em total dependência de outros, não são, conforme essa lógica, sujeitos de dignidade e de respeito. As *razões da força* prevalecem, então, sobre a *força da razão*. O outro motivo do paradoxo entre a afirmação teórica dos direitos do ser humano e sua negação, na prática, é o conceito individualista de liberdade que interdita a pessoa humana para a solidariedade. A liberdade, rompida com a verdade e negando a si mesma, resulta na dominação dos mais fortes contra os mais fracos. A pessoa humana é, sob diversos modos, mutilada e instrumentalizada pelo *mais forte*, que pode ser a ideologia, os sistemas políticos, econômicos, os meios de comunicação social, a *tecnocracia científica.*

O ser humano, negando a verdade que alicerça a vida da pessoa e da sociedade, passa a se conduzir, conforme a *doxa, conforme* a opinião, por seus caprichos e interesses egoístas. O indivíduo predomina sobre a pessoa e o outro ser humano é observado como um rival que, no máximo, será tolerado na vida social e que cambaleia sobre um relativismo. Tudo, inclusive a convivência e a vida humana, reduz-se ao convencional, ao simulacro e ao *negociável.* A estatística da opinião e o voto passam a decidir o direito fundamental da vida em geral e, particularmente, da pessoa humana. A legalização dos contravalores e o progressivo enfraquecimento da consciência e da ação éticas estão levando à ruína os fundamentos da própria democracia, porque

> o próprio "direito" deixa de o ser, porque já não está solidamente fundado sobre a inviolável dignidade da pessoa, mas fica sujeito à vontade do mais forte. Deste modo e para descrédito de suas regras, a democracia caminha pela estrada de um substancial totalitarismo.[6]

---

[6] *Ibid.*, par. 20.

A vontade da maioria, seu sentir e viver morais, acredita-se, devem ser o fundamento da ordem jurídica social. Pressupõe-se que não se pode chegar a uma verdade objetiva e universal. Deve haver, portanto, numa democracia, no máximo, o respeito pela consciência e pela liberdade dos cidadãos. As leis, portanto, vêm expressar a vontade da maioria, seja ela qual for. O político se encontra dividido, desta forma, em sua consciência, entre a esfera privada e pública. O homem público e profissional nega suas próprias convicções para atender aos reclamos dos cidadãos. O exercício de suas funções vai-se dirigir, exclusivamente, pelo ditame da lei positiva. Eles, em seu agir público, portanto, calam a voz da própria consciência. O Estado não intervém no mundo moral e cria condições para o pleno exercício da liberdade por parte do cidadão. O relativismo ético se encontra na raiz desta concepção da esfera pública. Acredita-se que o relativismo moral origine condições para a convivência tolerante, enquanto as normas morais objetivas causariam a intolerância e o autoritarismo.

A democracia, instrumento e não fim, deve, entretanto, conformar-se à lei moral. Ela se afirma com fundamento nos valores que ela acolhe e promove. A paz social se alicerça no respeito da dignidade da pessoa humana e em uma lei moral objetiva, e não em opiniões fugazes, expressão de um ceticismo demolidor da própria democracia. Tendo em vista o

> bem do futuro da sociedade e do progresso de uma sã democracia, urge, pois, redescobrir a existência de valores humanos e morais, essenciais e congênitos, que derivam da própria verdade do ser humano e que exprimem e tutelam a dignidade da pessoa: valores que nenhum indivíduo, nenhuma maioria e nenhum Estado poderão mais criar, modificar ou destruir, mas apenas os deverão reconhecer, respeitar e promover.[7]

O homem contemporâneo se encontra fascinado pelo próprio sucesso tecnocientífico e pela sempre presente inclinação ao

---

[7] *Ibid.*, par. 71.

uso irrestrito da liberdade. O eclipse do sentido de Deus conduz, inexoravelmente, o homem à perda de sentido, na realidade, do mundo. Compreende-se, simplesmente, como um ser vivo mais desenvolvido, reduzindo-o à coisa.[8] Declara-se

> que nosso é o tempo dos "humanismos": uns, por sua matriz ateia e secularista, acabam paradoxalmente por mortificar e anular o homem; outros humanismos, ao invés, exaltando-o até o ponto de atingirem formas de verdadeira e própria idolatria; outros, enfim, reconhecem justamente a grandeza e a miséria do homem, exprimindo, defendendo e favorecendo sua dignidade.[9]

A vida, por sua vez, também fica caracterizada como *coisa*, sobre a qual o homem se atribui o direito de dominação e manipulação e exerce seu pretenso poder sobre o início da vida e da morte da pessoa humana. Limita-se ao *fazer*, sem a devida mediação *antropoética*, e usa técnicas com o objetivo de controle sobre a vida e a morte. A natureza é entendida como *material* passível de manipulação sob múltiplas formas. A perda de sentido do transcendente recai também como consequência no progressivo retrocesso do sentido da pessoa e do mundo. O valor do ter sobrepuja o ser e cresce o materialismo prático, cujas expressões são o individualismo, o utilitarismo e o hedonismo. A *qualidade de vida* se restringe ao bem-estar físico, à economia eficiente, ao consumismo, à beleza e ao prazer. Predominam, então, os reducionismos biológico e, no máximo, psicológico. O sofrimento, nessa mentalidade cultural, é um inimigo a ser combatido de todas as formas. A eliminação do sofredor, por vezes, é a solução para se vencer o sofrimento. Encontram-se ideologias que procuram *justificar e mascarar os crimes* mais brutais contra a pessoa humana e a humanidade. O homem se percebe ameaçado por situações que geram o ódio, a violência, as guerras, os genocídios, a miséria, as injustiças de toda natureza, a escravidão e o

[8] *Ibid.*, par. 21-22.

[9] Paulo II, João. *Sobre a vocação e missão dos leigos na Igreja e no mundo (Christifideles Laici)*, par. 5.

tráfico de drogas, de armas, a exploração e a instrumentalização da pessoa mediante a sexualidade e o consumismo, o desrespeito da vida humana pelo aborto e pela eutanásia, o desequilíbrio ecológico.

1.2. As origens da crise

Existem fatores que se somam e que contribuem para a ruptura *antropoética*, que evolui na direção do enclausuramento do ser humano na imanência e nas concepções reducionistas contemporâneas. Um fator decisivo foi a questão gnosiológica da mudança de paradigma de *representação*.

1.2.1. A ruptura gnosiológica da representação

Atentar para a mudança de paradigma, ocorrida no século XIV, sobre o conceito de *representação*, contribui para a inteligibilidade de certas perplexidades e dificuldades com as quais se depara o homem contemporâneo.

A mudança do conceito de *representação*[10] pode ser considerada um passo decisivo para o surgimento da última modernidade. A *representação*, uma das questões centrais da teoria do conhecimento, compreendia-se, até então, como um meio pelo qual o ato de quem conhece identifica-se com o ato do objeto conhecido, captado em sua realidade extramental. A *representação*, a partir dessa nova concepção, constituiu-se no *termo* do conhecimento e não mais no *meio* para se chegar intelectivamente ao objeto, à realidade extramental. A *representação* entendia-se, na concepção clássica, como um meio mediante o qual o ato de quem conhece conforma-se, intencionalmente, com o *ato* do objeto conhecido. Conhece-se, portanto,

---

[10] LIMA VAZ, Henrique Cláudio de. *Escritos de Filosofia III – Filosofia e cultura*, pp. 153-166. TAYLOR, Charles. *Argumentações filosóficas*, pp. 13-31.

> por sua forma real (e não apenas representada) e ele constitui a causa final do conhecimento.[11]

A teoria scotiana-nominalista desconstrói essa concepção gnosiológica do objeto representado. A *representação* passa a ser, então, o *termo* do conhecimento e não mais o meio de se alcançar intelectualmente o objeto. A desconstrução scotiana-nominalista fará história e, adicionados outros fatores, será a matriz gnosiológica para as concepções de ser humano que surgirão na última modernidade, herdeira e, ao mesmo tempo, opositora do pensamento clássico. O "cogito, ergo sum" de Descartes entenderá secundariamente o *esse* e porá o *cogito* em primeiro lugar. Essa ruptura com o ser resulta em uma filosofia entendida como

> ciência puramente de pensamento: tudo o que for *esse* – tanto o mundo criado como o Criador – permanece no campo do *cogito* como conteúdo do conhecimento humano. A filosofia ocupa-se dos seres enquanto conteúdo do conhecimento e não enquanto existentes fora dele.[12]

Variadas versões do novo paradigma de *representação* predominaram na cultura ocidental, contribuindo para caracterizar a fase que se denominaria *modernidade*. Kant afirmará, em sua teoria do conhecimento, a *revolução copernicana*, segundo a qual o objeto se submeterá ao sujeito cognoscente. O homem moderno, portanto, retrocede ao projeto de Protágoras, porque se incumbe de criar um universo simbólico do qual presume ser a medida. O conhecimento se reduzirá à opinião (*doxa*). Platão e Aristóteles, como é sabido, empreenderam a crítica aos sofistas de seu tempo.

1.2.1.1. As decorrências

O novo modelo de *representação*, em processo, predominará sobre o ser, o subjetivo sobre o objetivo, o lógico sobre o me-

---

[11] Lima Vaz, Henrique Cláudio de. *Ibid.*, p. 160.

[12] Paulo II, João. *Memória e identidade*, p. 19.

tafísico, resultando no relativismo, no subjetivismo e, finalmente, no niilismo, no que sem sentido se expande, ameaçando os fundamentos da cultura ocidental. O ser humano, mais uma vez, assume a pretensão presunçosa de que ele é o ordenador de toda a realidade. Eliminar-se-á a diferença entre o *teórico* (pensar o ser), o *prático* (pensar as normas da ética) e o *poiético* (pensar e transformar a natureza). Conhecer-se-á a *representação* e não mais o ser do objeto. A *representação* se constitui na medida imanente ao sujeito cognoscente. O *fazer* predominará e absorverá a teoria e a práxis e o homem *construtivista* se afirmará, muitas vezes, às custas do sentido e do ético. O sucesso do *poiético*, no conhecimento e na transformação da natureza, faz com que o homem moderno, turvado em sua consciência, presuma, inclusive, poder *fazer*, *produzir* e reger a realidade humana a partir da própria imanência. O ser humano pretende *produzir* a realidade. Jacques Maritain declara que esse humanismo, na verdade, mostra que a

> humanidade sofre uma queda, por assim dizer, angélica, ela "descobre o humano", como diz Hoffding, ou seja, põe-se a procurar em si mesma o próprio interesse supremo e, vendo-se desnuda, não sente vergonha, como então no Jardim perdido, mas contempla-se...[13]

O pensamento *teórico*, referente ao sentido, e o *prático*, que remete à ação, reduzem-se ao *poiético*, ao fazer com pretensão de totalidade. A ciência e a técnica prevalecem sobre a ética, o que compromete o crescimento da civilização verdadeiramente humana. Afirma-se, deixa-se claro, o valor da ciência e da técnica. O que é necessário é se conscientizar, como pensa Jacques Maritain, que

> o problema próprio da idade em que entramos será o de reconciliar a ciência e a sabedoria numa harmonia vital e espiritual.[14]

---

[13] MARITAIN, Jacques. *Por um humanismo cristão*, p. 47.
[14] *Ibid.*, p. 73.

A predominância da *representação* sobre o ser resultará no fato de o homem moderno presumir poder criar, a partir da própria imanência, as normas éticas, do direito e da política, rompida e comumente conflitante com a ética. O homem moderno, desta forma, considera-se emancipado de sua menoridade. A aplicação do *poiético* ao ser humano encontra, porém, a insolúvel dificuldade mediante as estruturas da consciência e da liberdade. A pessoa humana, enquanto objeto do demiurgo moderno, não se sujeita à medida e à fabricação. O conceito de ser humano como *pessoa* é, entretanto, desconstruído e se originam, como substitutas, as noções de *sujeito*, de *indivíduo*, fechado em si, enquanto o *outro* é, no máximo, tolerado como oportuno instrumento de uso, de gozo, dos interesses individuais e coletivos.

O pensamento da última modernidade, rompido com o ser, escorrega para o *não-ser*, cuja gestação é a crise de sentido contemporânea que se mostra na cultura da morte, da violência contra a pessoa, expondo o paradoxo das muitas declarações dos direitos humanos e dos movimentos a favor da *vida*. A que nível de vida se refere? Vegetal? Animal? Humana? O que é o *humano*? A mudança do conceito de *representação* constitui, como se demonstra, um dos fatores na mudança da mentalidade do Ocidente. A alteração desencadeará o processo de perda de sentido em direção à prática da violência contra a pessoa humana, com pretensões, em muitos casos, de fundamentações que são verdadeiras ideologias desumanizantes.

A propagação pelos meios de comunicação social de que o homem é a medida da realidade, sendo ele, portanto, que dita as regras do fazer e do agir, contribui para que a decomposição de valores, que possibilita a sadia convivência humana, transforme-se em um fenômeno de massa. As reiteradas declarações e legislações sobre os direitos humanos se deparam com o paradoxo da quantia e, ao mesmo tempo, do desrespeito, inclusive por autoridades instituídas que deveriam garantir sua efetivação. A antropologia biologista é uma das formas atuais de se entender o ser humano, que alicerça, por sua vez, muitas das expressões da ética, do direito e da política. O indivíduo, o mercado e a tecnociência são, entretanto, os prevalecentes do projeto moderno, fase que alguns denominam de pós-modernidade. Introduzem-se elementos que vão conduzir a cultura ocidental a uma aguda crise. A ruptura com o ser impede o homem de distinguir o bem do mal, se o mal é a privação do ser, mesmo que em parte. Fica comprometido, inclusive, o conhecimento do homem, visto que

> foi rejeitada a noção daquilo que mais profundamente nos constitui como seres humanos, ou seja, a noção de natureza humana como um "dado"; e, em seu lugar, foi colocado um "produto do pensamento" livremente formado e livremente passível de mudança segundo as circunstâncias.[15]

O ceticismo gnosiológico interdita a compreensão da identidade do ser humano, enquanto pessoa, o que resulta nas incertezas sobre a ética e o entendimento dos direitos e deveres da pessoa humana.

1.2.1.2. Outras consequências

A ideia de que a razão humana não é capaz de conhecer a realidade das coisas em si, de que ela se limita a conhecer a representação dos fenômenos, de que o ser humano é o produtor também da ordem da realidade e da ação do homem, progressivamente redunda em consequências para o *ethos*, para o pensamento e para a ação da civilização em que vivemos. Outros dados se somam à situação histórica suprarreferida.

Karol Wojtyla escreve que, na filosofia moderna, a partir de Descartes, estabelece-se uma divisão do ser humano em corpo, *substância extensa*, e alma, *substância pensante*. Impõe-se um dualismo em que os dois componentes do ser humano se relacionam de forma paralela, desconstruindo-se a noção do *todo único* da pessoa humana. A consciência, nessa concepção antropológica, passa a ser entendida como um *sujeito autônomo da ação*. O ser humano se reduz, quase completamente, à consciência, objeto da experiência

---

[15] Paulo II, João. *Memória e identidade*, p. 23.

interior do homem. Desconstrói-se a concepção da pessoa humana como um ente objetivo, uma substância. A consciência e a autoconsciência são compreendidas como realidades autônomas e não como procedentes da natureza racional da pessoa humana. O corpo humano, por sua vez, como os demais corpos naturais, sujeita-se à *observação e à experiência exterior*. Karol Wojtyla afirma que,

> nesta concepção, faltam elementos para se introduzir o corpo, o organismo, no conjunto da vida e da ação da pessoa, porque nela falta a alma espiritual como forma substancial daquele corpo e, ao mesmo tempo, como princípio de toda a vida e ação do homem.[16]

A liberdade humana é compreendida como algo sem limites, mais como um postulado do que como atributo, e é negada como uma característica da vontade. O *momento subjetivo* se torna absoluto, trazendo como consequência o subjetivismo. A consciência do valor da vida humana obscurece-se. A *difusa incerteza moral* debilita a responsabilidade pessoal e, progressivamente, instala-se uma *cultura de morte*, promovida por concepções culturais, econômicas e políticas equivocadas.

A ameaça ao estilo de vida hedonista dos mais fortes os leva a considerar os mais fracos como adversários. A mentalidade utilitarista-hedonista predominante conduz a graves equívocos e à instrumentalização da pessoa humana quanto a sua sexualidade e, inclusive, quanto ao desprezo da vida do nascituro. O utilitarismo recusa o sentido de *bonum honestum*, quando o fim do agente se conforma com a essência do objeto da ação e o substitui pelo *bonum utile*. Pode-se afirmar que

> a antropologia utilitarista e a ética, que dela deriva, partem da convicção de que o homem tende essencialmente para o interesse próprio ou do grupo ou corporativo a que pertence; em suma, o proveito pessoal ou corporativo é a finalidade do agir humano.[17]

---

[16] MARITAIN, Jacques. *Por um humanismo cristão*, p. 311.

[17] PAULO II, João. *Memória e identidade*, p. 47.

A população, decrescente nos países ricos e crescente em países pobres, conduz ao crescimento de uma mentalidade contraceptiva e abortiva e os meios de comunicação social têm, com frequência, contribuído para se propagarem ideias e atitudes contra a vida humana.[18]

A perda do sentido de Deus e do homem é a causa mais profunda do conflito entre a *cultura da vida* e a *cultura da morte.* O contexto cultural, em que o indiferentismo religioso e as diversas formas de ateísmo ganham espaço, leva o ser humano de nossa época a

> uma falta de sentido ético, um crescente relativismo sistêmico que corrói até os valores seculares, uma sensação de fragmentação, uma incapacidade de assentar os alicerces de uma vida que tenha sentido. Ele se dá conta de que, depois de décadas de otimismo, os homens e as mulheres contemporâneos estão novamente fazendo perguntas sobre a realidade do mal.[19]

Encontram-se, entretanto, nesse contexto cultural, manifestações afirmativas que não são, com frequência, devidamente reconhecidas. Existem famílias e esposos que acolhem crianças abandonadas, jovens em dificuldades, pessoas inválidas e de idosos solitários. Promovem-se a pesquisa de terapias e de medicamentos mais eficiente, as instituições que socorrem os países atingidos por várias dificuldades. Demonstra-se a sensibilidade *humana e moral* contra a guerra; *a solidariedade entre os povos* e o *respeito à vida* tendem a se desenvolver; fortalece-se a reflexão ética, especialmente a da bioética. As pessoas contemporâneas, ao lado do indiferentismo religioso e do ateísmo, abrem-se para uma concepção *espiritual e transcendente da vida*, porque, na consciência humana, se encontra a intrínseca e inextinguível marca do religioso. Constatase que, no estágio evolutivo atual da sociedade,

---

[18] PAULO II, João. *Sobre o valor e a inviolabilidade da vida humana (Evangelium Vitae)*, par. 17.

[19] BERNSTEIN, Carl e POLITI, Marco. *Sua Santidade João Paulo II e a história oculta de nosso tempo*, p. 545.

> a cada dia são mais numerosos os que formulam perguntas primordialmente fundamentais ou as percebem com nova acuidade. O que é o homem? Qual o significado da dor, do mal, da morte que, apesar de tanto progresso conseguido, continua a subsistir?[20]

Desenvolvem-se a convicção do valor da pessoa humana, a de que ela não pode ser reduzida a *coisa*, a de sua responsabilidade histórica e de que a consciência e a liberdade são componentes de seu ser. Aumenta a necessidade da *participação* pessoal, particularmente entre as mulheres e os jovens,[21] na família, na escola, na cultura, na economia, na vida social e política. A crescente percepção do problema ecológico e da qualidade da vida, em geral, é também um aspecto do progresso humano desta época. A consciência, portanto, do valor e da dignidade da pessoa humana, apesar de amortecida, não se apagou totalmente. Pode-se dizer, inclusive, que, por vezes, existe certa convergência entre as diferentes matrizes de pensamento quanto à necessidade da afirmação da dignidade do ser humano. As divergências, entretanto, surgem mediante as fundamentações e as concepções antropológicas subjacentes às declarações do valor do homem. Essas incongruências são significativas, tendo em vista as consequências éticas, jurídicas e políticas em casos concretos, nos quais a proclamada dignidade não é devidamente respeitada.

2. A fundamentação da dignidade da pessoa

Kant, uma das maiores expressões da mudança de paradigma da *representação*, rejeitando a filosofia do ser, *com a revolução copernicana*, cria condições para a afirmação da filosofia da consciência, visto que ele concebe a razão *como um sujeito autônomo da ação.* Kant inspira-se, pelo menos, em três fontes para afirmar a digni-

---

[20] PAULO II, João. *Cruzando o limiar da esperança*, p. 47.

[21] PAULO II, João. *Sobre a vocação e missão dos leigos na Igreja e no mundo (Christifideles Laici)*, par. 4-5.

dade do ser humano. São elas o pensamento estóico, Santo Tomás de Aquino e Rousseau. O estoicismo declara que a dignidade humana, não um dado, mas um ideal, afirma-se na possibilidade de o homem usar sua razão nos juízos e procedimentos sujeitos a ele. Santo Tomás de Aquino exprime a concepção cristã do amor de Deus a todos os seres humanos, imagem e semelhança do Criador, independentemente de suas condições. O homem deve, por consequência, amor e respeito a todos os seus semelhantes porque e enquanto pessoas. O pensamento kantiano sobre

> a dignidade humana se inscreve nessa tradição cristã, que atribui a cada ser humano um valor primordial, independentemente de seu mérito individual e de sua posição social; mas Kant tenta fundamentar essa ideia de uma maneira que não deve nada às pressuposições teológicas. Ele afirma que a fé religiosa se deve fundamentar no conhecimento moral e não ao contrário.[22]

Kant colhe ainda de Rousseau a noção de *vontade geral* da esfera política e a transfere para a razão prática, visto que a legislação moral não pode ser imposta por uma vontade *estrangeira* ao ser humano maduro.

Santo Tomás e Aristóteles, por sua vez, entendiam a razão como um *poder da alma*, como uma expressão da criatura humana. Kant *abriu o caminho para o idealismo* e a filosofia da consciência ocupou o espaço da filosofia do ser. Karol Wojtyla afirma que Kant se afasta do realismo *ético*, porque

> sustenta que o chamado imperativo categórico é uma forma pura *a priori* da razão prática, ou seja, um princípio produzido só pela razão, e não, em troca, está na razão como consequência do contato com a realidade, com o mundo real dos seres e dos bens.[23]

---

[22] CANTO-SPERBER, Monique (org.). *Dicionário de Ética e Filosofia Moral*, verbete *Dignidade*, p. 440.

[23] WOJTYLA, Karol. *Mi Visión del Hombre*, p. 41.

Kant rejeita a filosofia utilitarista, recusando o prazer e a conveniência como primordiais no agir da pessoa humana. Não retoma, entretanto, o *bonum honestum*, e o fim e o meio, em seu pensamento, ocupam uma posição secundária. Kant, entretanto, expõe os fundamentos do personalismo ético moderno. Os neotomistas, por sua vez, recuperam o princípio do personalismo com base nos conceitos tomasianos de *bonum honestum, bonum* e *bonum delectabile*.[23] Karol Wojtyla, demonstrando seu intento de convergir a filosofia do ser com a filosofia da consciência, declara que essa,

> particularmente na versão fenomenológica, certamente enriqueceu nosso conhecimento dos fenômenos empíricos da espiritualidade humana, mas não se decidiu dar o passo metafísico dos sintomas aos fundamentos, isto é, na linguagem de Tomás de Aquino, dos efeitos à causa.[24]

O conhecimento da verdadeira identidade da pessoa é necessário para que ela se liberte das diversas cadeias da instrumentalização a que é submetida. A compreensão do homem, como ser pessoal, é condição e um dos fundamentos para a afirmação do valor e da dignidade da criatura humana.

2.1. A *participação* ontológica e a dignidade da pessoa

Foi demonstrado que a inteligência espiritual, a consciência, a vontade livre, a capacidade de autotranscender-se, de integrar seus dinamismos somáticos e psíquicos, de participar com outras pessoas são elementos que distinguem essencialmente a pessoa humana e que remetem, para a causa espiritual, fundamento metafísico, transempírico desses dinamismos colhidos fenomelogicamente. A compreensão filosófica da constituição própria da pessoa humana exige que a razão não se encolha nos limites do ceticismo, que afir-

[24] Paulo II, João. *Memória e identidade*, p. 49.

ma ser ela incompetente para progredir em direção a águas mais profundas da realidade humana. O pressuposto gnosiológico, cuja discussão não se encontra nos objetivos deste estudo, de que a razão humana possa conhecer as coisas em si é reafirmado.

Karol Wojtyla acolhe a ideia tomasiana[25] de *participação*, de herança platônica-agostiniana,[26] visto que

> (...) Deus, ser plenamente autossuficiente (*Ens subsistens*), era considerado o suporte indispensável para todo o *ens non subsistens, ens participatum*, isto é, para todos os seres criados e, por conseguinte, também para o homem.[27]

Santo Tomás de Aquino, apoiado na noção de *participação*, demonstra o vínculo das criaturas com o Criador, com o Bem supremo e fonte de todos os bens. Demonstra a relação entre o

> ente acidental que possui o esse *per participationem* e o ser ne-necessário, que é um ser autônomo (esse *subsistens*).[28]

A existência do *ente* se torna possível por sua participação no *ser*, o que implica, inclusive, em participar de seu valor. A dignidade e a superioridade substancial da pessoa humana, por outro lado, referente ao mundo impessoal, afirmam-se em sua criação à imagem e semelhança de Deus. Karol Wojtyla pensa, portanto, que

> na ética nada pode ser entendido sem a compreensão da pessoa, de seu ser, de sua atividade e de seus direitos. [29]

O valor e a dignidade da pessoa se manifestam mais claramente, à proporção que ela cresce em consciência de que é *par-*

[25] Karol Wojtyla, citado por J. Piatek, *apud* LOBATO , A. *Op. cit.*, p. 185.

[26] AQUINO, Santo Tomás de. *Suma Teológica*, I, q. 3, a. 4.

[27] PLATÃO. Fedon, em: *Os pensadores*, 100d.

[28] PAULO II, João. *Memória e identidade*, p. 19.

[29] Karol Wojtyla, citado por J. Piatek, *apud* LOBATO, A. *Op. cit.*, p. 248. SÁ EARP, Pe. Ney Affonso de. *Op. cit.*, pp. 109-113.

ticipante do Criador. A correta relação da pessoa com as criaturas expressa, ainda que indiretamente, a justiça com seu Criador. A pessoa humana, demonstrada sua inteligência espiritual e sua vontade livre, é *alguém*, um universo aberto a relacionamentos e capaz de decisões, portanto, consciente e livre. Sua instrumentalização, portanto, violenta sua natureza, sua estrutura ontológica, seu valor e dignidade, dificultando e impedindo sua realização como ser pessoa.

2.2. A pessoa deve ser o fim da ação

A pessoa, dada sua natureza *participada*, não pode ser instrumentalizada. Ela, por ser fim em si mesma e por sua intrínseca dignidade, não pode ser meio para algum fim sob pena de ser coisificada. A pessoa humana não se reduz a *indivíduo*[30] *da espécie.* Ela possui uma interioridade, identificada com a vida espiritual, inexistente nos animais mais aperfeiçoados. O nome *pessoa* quer expressar uma perfeição ontológica própria do ser humano. Ele é diminuído a objeto, se reduzido a um patamar ontológico inferior ao que lhe é específico, caracterizando-se, então, como coisa e instrumento. Encontram-se dois significados da palavra *usar* com referência à pessoa.

2.2.1. O uso objetivo da pessoa

A pessoa não pode ser tratada como meio para algum fim, sob pena de ser violentada, em todas e quaisquer circunstâncias de sua existência, como na família, nas diversas profissões, nas instituições particulares e públicas, no relacionamento entre homem e mulher, porque ela é um sujeito capaz de pensar e de escolher os próprios fins. Ela, por *direito natural,* deve ser fim

[30] WOJTYLA, Karol. *Amor e responsabilidade*, p. 11. Tadeusz Styczén, *apud* SEIFERTF, Josef. *Op. cit.* , pp. 88-89.

da ação. Sua estrutura ontológica lhe garante e exige ser tratada como fim. Esse é um direito inalienável, portanto, que não se fundamenta em convenções sociais e culturais, porque procede de sua própria natureza.

Karol Wojtyla, acolhendo parcialmente o personalismo moderno kantiano, na "Fundamentação da metafísica dos costumes", expressa que a

> pessoa não deve ser para os outros só um meio.[31]

Ele é categórico quando afirma que

> ninguém pode servir-se de uma pessoa como um meio, nem sequer o Deus-Criador.[32]

Declara, por outro lado, que o imperativo kantiano, em oposição ao utilitarismo anglo-saxão,[33]

---

[31] MARITAIN, Jacques. *A pessoa e o bem comum*, pp. 38-40, 45, 47, declara que "para o homem, como os outros seres corporais, como para o átomo, para a molécula, para a planta, para o animal, a individualilidade tem por raiz ontológica primeira: a matéria. Eis a doutrina de Santo Tomás sobre a individualidade das coisas materiais. (...) Enquanto indivíduo, cada um de nós é um fragmento de uma espécie, de uma parte deste universo, de um ponto singular do imenso encadeamento de forças e de influências, cósmicas, étnicas, históricas, de que suporta as leis; está submetido ao determinismo do mundo físico. Mas cada um de nós é também uma pessoa e, enquanto pessoa, não está submetido aos astros, subsiste inteiramente da própria subsistência da alma espiritual, e esta é nele um princípio de unidade criadora, de independência e liberdade. (...) Compreendemos assim bem que a individualidade material não é, decerto, qualquer coisa de mau em si. Não! É qualquer coisa de bom, pois é a própria condição de nossa existência. Mas é precisamente em ordem à personalidade que a individualidade é boa; o que é mau é dar, em nossa ação, a preponderância a este aspecto de nosso ser".

[32] WOJTYLA, Karol. *Amor e responsabilidade*, p. 25, e *Persona y Acción*, p. 26, rodapé. Kant, na *Fundamentação da metafísica dos costumes (Grundlegur zur Metaphysik der Sitten)*, 2ª seção, considera que "(...) O homem, e, de uma maneira geral, todo o ser racional, existe como fim em si mesmo, não só como meio para o uso arbitrário desta ou daquela vontade. Pelo contrário, em todas as suas ações, tanto nas que se dirigem a ele mesmo, como nas que se dirigem a outros seres racionais, ele tem sempre de ser considerado simultaneamente como fim".

[33] WOJTYLA, Karol. *Amor e responsabilidade*, p. 26.

> age de tal modo que nunca trates uma pessoa simplesmente como um meio, mas sempre como o fim de tua ação.[34]

Deve ser pensado de forma diferente porque não abrange por inteiro a norma do amor. A norma personalista, no pensamento wojtyliano, indica o amor como regra e não se limita ao dever de não usar a pessoa como meio. O segundo imperativo, portanto, deveria ser expresso afirmando que

> todas as vezes que em teu procedimento uma pessoa é objeto de tua ação, deves lembrar que não podes tratá-la como instrumento, mas deves considerar que ela mesma tem ou deveria ter seu próprio fim.[35]

Fundamenta-se, neste princípio, a liberdade humana concebida de forma adequada, o que se refere, particularmente, à *liberdade de consciência.*

---

[34] BENTHAM, Jeremy. "Princípios da moral e da legislação", em: *Os pensadores*, pp. 4-5. Bentham pensa que "a natureza colocou o gênero humano sob o domínio de dois senhores soberanos: a dor e o prazer. Somente a eles compete apontar o que devemos fazer, bem como determinar o que na realidade faremos. Ao trono desses dois senhores está vinculada, por uma parte, a norma, que distingue o que é reto do que é errado, e, por outra, a cadeia das causas e dos efeitos". Continua afirmando que "o princípio da utilidade reconhece esta sujeição e a coloca como fundamento desse sistema, cujo objetivo consiste em construir o edifício da felicidade através da razão e da lei". Bentham, em nota em rodapé, afirma que, ao termo *utilidade*, "acrescentei ultimamente – substituindo até a primeira – esta outra: a maior felicidade, ou o princípio da maior felicidade", termo este que, para ele, destaca melhor as ideias de prazer e dor. Ele continua afirmando que "é inútil falar do interesse da comunidade, se não se compreender qual é o interesse do indivíduo. Diz-se que uma coisa promove o interesse de um indivíduo, ou favorece ao interesse de um indivíduo, quando tende a aumentar a soma total de seus prazeres, ou então, o que vale afirmar o mesmo, quando tende a diminuir a soma total de suas dores".

[35] WOJTYLA, Karol. *Amor e responsabilidade*, p. 27. Encontra-se, em *Cruzando o limiar da esperança*, p. 186, que o segundo imperativo kantiano, que exclui tratar a pessoa como meio, "tem um caráter negativo e não esgota o inteiro conteúdo do mandamento do amor. Se Kant desse modo ressalta fortemente que a pessoa não pode ser tratada como objeto de gozo, faz isso para contrapor-se ao utilitarismo anglo-saxão e, desse ponto de vista, pode ter alcançado seu objetivo. Kant, todavia, não interpretou plenamente o mandamento do amor. Na verdade, ele não se limita a excluir todo o comportamento que reduz a pessoa a mero objeto de prazer, porém exige mais ainda: exige a afirmação da pessoa por si mesma".

2.2.2. *O uso subjetivo da pessoa*

O termo *usar*, conforme segundo sentido,

> significa vivenciar o prazer, este prazer que em vários matizes está unido à ação e ao objeto da ação. (...) O segundo significado dessa palavra é igualmente importante para a moralidade.[36]

O termo *usar*, agora, é uma aplicação particularizada do primeiro significado e se efetiva quando alguém, no relacionamento com outra pessoa, age tendo o prazer como fim último de sua ação. A primeira acepção exprime um *usar mais amplo e objetivo*, enquanto a segunda constitui uma efetivação mais restrita, particular e *propriamente* subjetiva do uso da pessoa. O usar, por outro lado, pode vir disfarçado de amor. O utilitarismo, de qualquer matiz, à proporção que concebe o ser humano como instrumento, em que o valor da pessoa pode ser reduzido ao valor de sua utilidade, pode ser hedonista ou não. O utilitarismo se afirma como característica da maneira de pensar e de viver do ser humano contemporâneo, mas é comum a todas as épocas. O utilitarismo atual, entretanto, mostra-se explícita e conscientemente formulado, defendendo que

> tudo o que dá prazer e exclui o sofrimento é útil, porque o prazer é o fator essencial da felicidade humana. Ser feliz, conforme os postulados do utilitarismo, significa levar uma vida agradável.[37]

O utilitarista tem como pressuposto uma antropologia reducionista, visto que o ser humano se compõe, para ele, de sensibilidade, que deseja o prazer e rejeita o sofrimento, e de inteligência, que atende aos reclamos da sensibilidade. O utilitarista, portanto, procura maximizar o prazer e minimizar o sofrimento. Concebe

---

[36] *Ibid.*, p. 32.

[37] *Ibid.*, p. 34.

tudo como meio para um resultado prazeroso, inclusive a pessoa, e pode condicionar, portanto, a ação humana nas diversas situações existenciais. Encontram-se pessoas que podem fazer um acordo utilitarista entre elas, permitindo-se ser um objeto do egoísmo da outra. Elas concordam em decair para o nível ontológico de meio, serem desrespeitadas e violentadas em sua natureza pessoal, que exige, enquanto tal, ser fim da ação. Karol Wojtyla considera essa queda a

> antítese do amor: devo considerar-me como um meio e um instrumento, já que assim considero o outro.[38]

O prazer, por outro lado, não é algo mau em si e pode manifestar-se colateral e ocasionalmente na ação. Não deve, porém, ser o fim último do agir humano. A consciência moral pode exigir, inclusive, a prática de um bem que impõe a renúncia de algum prazer. O amor verdadeiro é a afirmação do ser humano como pessoa, é a única norma que se conforma a sua identidade e que deve ordenar as relações entre os seres humanos.

2.2.3. O amor como afirmação da pessoa

Quem ama não usa e quem usa não ama. O amor da pessoa pela pessoa se revela, em sua veracidade, pela atitude de quem afirma amar. Seu amor deverá ter como fim a outra pessoa, o *próximo*, quanto a seu crescimento integral referente aos bens corpóreos, psíquicos e espirituais. O justo amor à pessoa exige que se negue sua coisificação e utilização. Deve-se dar a cada criatura humana aquilo que ela tem direito enquanto e porque pessoa.[39] Demonstra-se, portanto, a necessidade vital, no mundo das pessoas, da norma

---

[38] WOJTYLA, Karol. *Amor e responsabilidade*, p. 37.

[39] MARITAIN, Jacques, em *A filosofia moral*, p. 479, afirma que "a perfeita individualização que Kierkegaard procurava na relação entre Deus e a subjetividade é o amor que a obtêm. E nesse plano, já não se trata senão de amar e de obedecer ao que pede amor. Nesse plano se realiza a palavra célebre: 'Ama e faze o que queres'".

do amor. A *solução negativa* quanto ao uso objetivo da pessoa é *não usar*. A solução afirmativa é *amar*. Só a pessoa é capaz de partilhar o amor. A instrumentalização das pessoas é evitada pelas opções realizadas conscientemente e em comum, tendo-se em vista o bem objetivo de cada uma e de todas. Essa atitude permite manifestar-se a igualdade ontoaxiológica dos seres humanos. O amor é condicionado pelo relacionamento das pessoas que buscam o bem comum.

O amor veraz não usa a pessoa como meio, inclusive no relacionamento entre o homem e a mulher. A estrutura ontológica da pessoa, fim da ação, impõe-se independentemente do intento da outra. O equívoco, quanto a essa estrutura, apesar da intenção, poderá originar o mal e não o bem intencionado. O autor da ação, apesar de sua inconsciência, pode causar objetivamente um mal. Demonstra-se, portanto, a necessidade de uma antropologia objetiva para uma ética fundada objetivamente. A *humanidade* é um bem a ser afirmado. A sexualidade, de forma particular, cria condições para que se trate o ser humano *como objeto de uso*. Não é suficiente a decisão de afirmar o outro, como pessoa, para que, de fato, o ato seja amoroso. É indispensável, portanto, afirmar o bem da humanidade e, essencialmente, o *valor* objetivo *da pessoa humana*, para que se efetive um verdadeiro ato de amor.

A capacidade de autodoação pessoal foi inscrita por Deus na essência da pessoa. Essa capacidade se relaciona, intimamente, com a estrutura de autodomínio e de autodeterminação do ser pessoal. O fato de que a pessoa depende de Deus não elimina o direito de doação que ela possui e que foi inserido pelo próprio Criador em sua natureza pessoal. O amor, no pensamento de Santo Tomás,

> como, de resto, para Santo Agostinho – é simplesmente a razão primeira e mais profunda de tudo o que o homem faz. (...) O motivo último da criação é o amor – que já antiqüíssimos filósofos, como Parmênides, entreviram como primeiro princípio de todas as coisas.[40]

---

[40] SÁ E ARP, Pe. Affonso de. *Op. cit.*, p. 120 e 127.

O amor da pessoa para a pessoa se opõe ao utilitarismo e faz entender o ser humano como um bem que não pode ser nivelado a objeto de uso, a um meio para um fim. Só o amor pode manter uma relação *própria e plenamente* entre pessoas que, só amando, realizam a atualização de suas potencialidades. O amor verdadeiro é orientado para o bem autêntico e desenvolve a essência da pessoa, porque

> a afirmação da pessoa, "por causa de si mesma" e em virtude de sua intrínseca preciosidade e capacidade de amar, torna-se inseparável da verdade, de acordo com a qual a pessoa é merecedora de amor e de autodoação.[41]

É necessário que o ato de amor corresponda à natureza do ser pessoal. O processo de aperfeiçoamento da pessoa é interditado pelo simulacro do amor, que se orienta para um bem que, na verdade, é objetivamente uma ilusão. O componente natural da norma personalista do amor pode, por outro lado, ser demonstrado pela razão.[42] O amor, porque corresponde à natureza e aos valores da pessoa, manifesta a intrínseca relação entre a antropologia e a ética. A justiça à pessoa exige que ela seja amada, porque só assim estará sendo respeitada e afirmada em sua estrutura ontológica. A *ordem da justiça*, portanto, tem uma importância maior e, até certa medida, inclui e exige o amor. O amor, porém, é diferente e superior à justiça.

O amor é comunitário e é condição para que se constitua uma comunidade realmente humana. O amor verdadeiro revela as causas profundas da alienação do homem. Sua desumanidade não se efetiva, principalmente a partir da natureza, da produção e

---

[41] SEIFERT , Josef. *Op. cit.*, p. 88.

[42] Lê-se, em *Cruzando o limiar da esperança*, p. 186, que "tal norma é a tentativa de traduzir o mandamento do amor na linguagem da ética filosófica. A pessoa é um ser para o qual a única dimensão adequada é o amor. Nós somos justos no tocante a uma pessoa se a amamos: isto vale tanto para Deus como também para os seres humanos. O amor por uma pessoa exclui que se possa tratá-la como um objeto de gozo".

do sistema. O ser humano é o autor das civilizações, dos sistemas de produção e, portanto, deveria impedir que suas obras fossem desumanizadoras e alienantes. Karol Wojtyla afirma que

> o mandamento do amor constitui também a medida das tarefas e das exigências com que se deve enfrentar todo o homem – todas as pessoas e todas as comunidades – para que se converta em uma realidade todo o bem contido no atuar e no existir "junto com os outros".[43]

A filosofia dos séculos XIX e XX entendeu a alienação como o fato que separa ou distancia o ser humano de sua humanidade, privando-o de seu valor *personalista.* A norma do amor, apesar de ser um mandamento, deve emergir do interior da pessoa. O amor, entretanto, não reduz a uma experiência emocional e cognoscitiva. Seus atos amorosos verdadeiros são volitivos.[44] O mandamento do amor, por outro lado, não se limita a obedecer à lei que ordena amar, como pensava Kant, porque ele se vincula, inclusive, ao valor. O valor e o dever, portanto, conjugam-se para a constituição da *experiência moral do ato de amor.* O amor é o bem maior para a pessoa e

> é a única energia que, por si só, permite aproximar-se muito de uma pessoa, entrar em seu mundo e, de certa forma, (moralmente) identificar-se com seu ser.[45]

---

[43] WOJTYLA, Karol. *Persona y Acción*, p. 347.

[44] Santo Tomás de Aquino afirma, na *Suma Teológica*, 1a. da 2a., q. 16, a. 3, que "há quatro nomes que se empregam para significarem de certo modo o mesmo: amor, dilecção, caridade e amizade, que, contudo, diferem no seguinte: a amizade, segundo o filósofo, é quase hábito; o amor, porém, e a dilecção empregam-se para significar ato ou paixão; ao passo que caridade é usada em ambos esses sentidos. Estes três vocábulos, todavia, exprimem um mesmo ato, mas diversamente. Assim, o mais geral deles é o amor, pois toda a dilecção ou a caridade a ele se reduz, mas não inversamente; assim, dilecção acrescenta-lhe a eleição precedente, como o próprio nome indica. Por onde, a dilecção não pertence ao concupiscível, mas exclusivamente à vontade, e só é própria da natureza racional. A caridade, por sua vez, acrescenta ao amor certa perfeição, enquanto que, como o nome por si o está indicando, temos em grande apreço o que amamos".

[45] WOJTYLA, Karol. *Mi Visión del Hombre*, p. 100.

O amor entre os seres humanos constitui *um princípio ou um ideal*. Implica, porém, em um processo de construção e de crescimento. A ação humana, em sua liberdade e na tendência a utilizar as pessoas, deve submeter-se progressivamente ao amor em todas as circunstâncias da existência. A lei natural, compreendida de forma personalista e dinâmica, deve orientar a pessoa humana no processo que a conduz à perfeição. A rejeição da lei natural, a forma positivista de pensar na atualidade, é, na verdade, a tentativa de escapar do Legislador. Essa fuga é um dos fatores que fragmenta a existência e causa o enfastio do homem contemporâneo. O pensamento moral, introduzido pelos positivistas, quer restringir-se à descrição dos eventos morais pessoais e sociais, recusando-se a abordar a questão sobre o que é bom e o que é mau na ação do ser humano. O pensamento, reduzido aos fenômenos, compreende a moralidade no limite de seus condicionamentos psicológicos e sociológicos e em sua evolução histórica. Karol Wojtyla afirma que, entretanto,

> a fuga da razão humana ante a Razão Superior não resiste à prova da vida.[46]

A lei natural possui seu legislador, como as demais as legislações. Questiona-se se a lei, cujo pretenso legislador é o homem, deve obrigar, em consciência, a outros seres humanos. Qual o poder que possibilita o homem legislar e dirigir a consciência de seus semelhantes? A lei, promulgada pelo ser humano, para ganhar caráter moral e não permanecer suspensa no vácuo, deve-se fundamentar na lei natural. Os juízes do tribunal de Nuremberg tiveram como guia o código natural, não escrito. A lei *não escrita*, inscrita na natureza da pessoa humana e do cosmo, remete para um legislador que transcende o homem e o mundo.[47] A marca da justiça não se encontra na ética autônoma, porque o ser hu-

[46] *Ibid.*, p. 59.
[47] *Ibid.*, pp. 57-59.

mano, guiado por essa *autonomia*, justificar-se-ia e seria juiz de si mesmo quanto ao justo e injusto. Os *autônomos* têm consciência dos próprios autocondicionamentos e que estão sujeitos a vários fatores.[48] O estudo profundo da filosofia do ser, que transcenda os fenômenos, conduz à descoberta da dependência da *Causa Primeira.*[49]

A participação da vida do Criador e a vocação do ser humano a reconhecer e a acolher a lei natural fundamenta seu valor e sua dignidade. Constitui, portanto, um equívoco querer basear seu valor na autonomia, no homem-legislador de si mesmo, fonte das normas e da justiça. Jacques Maritain afirma que

> a pessoa tem uma dignidade absoluta, porquanto está em uma relação direita com o absoluto, no qual somente ela pode encontrar sua plena realização; sua pátria espiritual é todo o universo dos bens, que têm um valor absoluto, que refletem de algum modo um Absoluto superior ao mundo e que são atraídos por ele.[50]

A autonomia teria sentido se a pessoa humana fosse o fundamento último de si mesma, o que contraria a evidência de que sua existência e sua identidade expressam uma contingência, uma finitude, que remete para seu Criador. Os homens que afirmam a dignidade do ser humano, porém, fechados na imanência, são inconscientes de que a participação da transcendência divina é a necessária e conveniente fundamentação da dignidade da criatura humana por eles declarada. As normas jurídicas, por sua vez, devem exprimir as leis naturais objetivas presentes nos seres criados.

Deparamo-nos com pessoas que mostram a dificuldade de articular o antropológico com o axiológico, de passar logicamente de uma concepção do ser humano, mesmo que adequada, para

---

[48] A obra de SCHNEEWIND, J. B. *A invenção da autonomia.*

[49] WOJTYLA, Karol. *Mi Visión del Hombre*, pp. 111-112.

[50] MARITAIN, Jacques. *Os direitos do homem*, p. 17.

seu valor. Encontram-se fatores extrínsecos, no *ethos*, e inerentes ao próprio homem, que podem facilitar ou atravancar o avanço da consciência moral e valorativa quanto ao valor das coisas e, principalmente, da pessoa humana. A educação formal e informal, desde a mais tenra idade, para os valores, em geral, e, particularmente, para o valor da vida humana, constitui um desafio de sempre. A sociedade, que reduz a pessoa humana a indivíduo, a meio para algum fim, negando, portanto, sua identidade pessoal, retrocede para o uso do ser humano na esfera política, jurídica, econômica, cultural, sexual e para o predomínio do utilitarismo-hedonista. A sociedade, na qual o valor da criatura humana se mede pela eficácia produtora, pelos valores que possui e não, principalmente, pelo valor que ela é em si mesma, gera a cultura da morte, da violência, da corrupção, do lucro como fim, do terrorismo, destruindo, portanto, a si mesma. O ser humano, por seu lado, resistente à verdade objetiva, sem reducionismos alucinadores, prisioneiro da própria arrogância e presunção, gerando e desenvolvendo preconceitos demolidores, em processo de turvamento da consciência, de perda de contato com a realidade, ele, na troca com o *ethos* em que vive, mutuamente, alimentando-se do progresso do retrocesso, desliza para o *não ser* e para a perda de sentido, para a cultura da morte. A sociedade e o homem, enclausurados na imanência e nos simulacros dos absolutos substitutivos do transcendente, geram a crise de valor na qual a vítima é a própria pessoa humana. O mal, entretanto, não terá a última palavra. O tempo e os fatos para os renitentes são os últimos argumentos.

Karol Wojtyla afirma o ser humano como pessoa, seu valor e dignidade intrínsecos ao fato mesmo de ser pessoa, portanto, não outorgada por poderes imanentes ou criados, sejam institucionais ou individuais. Ele, por outro lado, acompanha o pensamento antropológico personalista ontologicamente fundado. Sua compreensão da pessoa humana, portanto, não se conclui nos limites da abordagem fenomenológica. Ele mesmo indica que a pesquisa metafísica deve continuar a reflexão iniciada pela análise fenomenológica, à maneira dos efeitos para a causa.

Considerações finais

Karol Wojtyla entende que a pessoa revela o mistério da criatura humana. Ser homem, em plenitude, significa ser pessoa. A pessoa humana se distingue de todos os outros seres do mundo visível por sua espiritualidade, por sua interioridade. Ela, por sua estrutura, pode abrir-se à comunicação com o mundo real objetivo, consigo mesma e com a realidade transcendente. A pessoa é um ser livre, possui o domínio de si mesma. A pessoa, por outro lado, deve manter o estado de ser, simultaneamente, sujeito e objeto.

Nosso autor, em sua investigação, demonstrou o escopo de ir às coisas mesmas e não teorizar sobre outras teorias. Ele possui uma concepção gnosiológica realista, no sentido de afirmar que o ser humano é capacitado para conhecer as coisas em si e não apenas o fenômeno das coisas. O conhecimento da realidade, em si, é um fato objetivo e não se reduz a uma experiência subjetiva. Sua investigação passa a ser um estímulo ao próprio leitor, no sentido de ele também fazer a experiência de si mesmo, a fim de constatar a validade ou não das reflexões que o autor empreendeu. Karol Wojtyla, em sua investigação, eleva a experiência comum a um grau maior de consciência.

Na experiência exterior e interior, ao mesmo tempo unitária e integral, a realidade se revela próxima de quem a experiencia de forma direta ou indireta. As experiências interna e externa se apoiam, mutuamente, na própria compreensão. A experiencia que alguém realiza de outro ser humano colabora para esclarecer ambas as realidades. O conceito universal procede da abstração, que, entretanto, não implica em ignorar a experiência particular. As coisas que são belas não são esquecidas frente à ideia de beleza. Elas se encontram inseridas na ideia de beleza. A filosofia do ser e a filosofia da consciência, porque privilegiam um dos polos da experiência, não conseguem isoladas integrar os dois aspectos. Eles só se compreendem de forma adequada em sua relação recíproca, visto que a experiência é essencialmente unitária. Se a filosofia do ser, consequentemente a seu posicionamento frente à experiência, incide no objetivismo, a filosofia da consciência, pelo mesmo motivo, fecha-se no subjetivismo. Karol Wojtyla contribui para se realizar a síntese e para superar o abismo entre as duas correntes do pensamento. Sua teoria da experiência integral do homem é fundamental para que sua investigação seja adequadamente entendida. Não se pode, portanto, subestimar esse ponto de partida de suas reflexões. O conhecimento se desenvolve a partir da experiência que, ao mesmo tempo, fornece ao homem realidades individuais e universais. Os fatos inteligíveis e universais da natureza e da essência das coisas, em si, podem ser conhecidos pelo ser humano. A experiência, ao mesmo tempo, exige, para sua melhor intelecção, que ela seja concretizada pelo investigador. A teoria wojtyliana põe frente ao leitor o objeto de estudo, que será o juiz da veracidade ou não de suas conclusões. Cabe ao leitor aceitar ou não o desafio vital e intelectual. A experiência da própria interioridade parece ser a mais difícil, visto que implica a realidade da consciência, do autoconhecimento, do subconsciente, do autodomínio, da autotranscendência, da integração e das emoções. Ela exige uma verdadeira autoeducação. O resultado, entretanto, constitui, na medida em que a experiência interna se processa de forma adequada, uma verdadeira descoberta de si mesmo. O autoconhecimento contribui, e muito, para se conhecer a realidade, a especificidade e o valor da pessoa humana. O processo dessa descoberta inclui, necessariamente, os elementos da transcendência, da integração, da participação e da própria experiência externa.

A experiência da ação livre, que é o dinamismo específico da pessoa, desencadeia o processo para a interpretação do dinamismo integral do ser humano. A ação possibilita colher a realidade da pessoa. Seu dinamismo deixa manifestar suas estruturas fundantes. O ser pessoal, descendentemente, em suas estruturas, possibilita e se revela na ação. Chega-se, na ordem do conhecimento, do ato, ao ser da pessoa. Parte-se do imediato em direção ao fundamento, do efeito para a causa. A ação, que é o dinamismo da pessoa, revela a pessoa por inteiro, tendo-se em vista sempre a experiência completa do ser humano.

A realidade pessoal do ser humano o faz emergir do cosmo natural. Ele deixa de ser propriedade de um mundo imanente para se colocar no patamar superior da transcendência. Essa descoberta pressupõe, necessariamente, não reduzir a pessoa humana a uma de suas partes. A noção de pessoa se opõe a de parte. Ela é um *todo*. É o fato de ser pessoa que determina o lugar do homem no mundo. A realidade pessoal aparece como algo específico e original, no contexto dos seres inanimados e viventes. A hierarquia da vida, no mundo visível, culmina na pessoa. A noção do ser-pessoa é decisiva para distinguir o homem da vida vegetal e animal. Os seres impessoais não possuem as dimensões da consciência em sua dupla função, do autoconhecimento, da autoposse e da transcendência. Encontram-se, na pessoa humana, o dinamismo vegetativo, que se manifesta no corpo; o psíquico, que se expressa pelas emoções e do qual o homem é sujeito; e o dinamismo pessoal, que é próprio do ser livre. A pessoa é, de fato, a causa das próprias ações. Os três dinamismos se inte-relacionam e o agir concreto é resultante de sua adequada interconexão.

A unidade da pessoa humana, na mentalidade moderna, fica comprometida por sua redução ao puro fenômeno. O ser pessoal, na verdade, antecede o agir. A pessoa humana não é um produto. A ação supõe a pessoa e não inversamente, mesmo que haja dinamicamente um processo formativo no existir do ser humano. Karol Wojtyla, portanto, opõe-se firmemente à dissolução dialética do homem.

A consciência é um elemento da pessoa e depende da verdade para que o exercício de sua função resulte em benefício da mesma pessoa. Ela não absorve nem se identifica com a pessoa. A consciência é uma dimensão do homem concreto. Sua sustentação não se encontra nela mesma. É importante ressaltar que a consciência não produz a verdade. Essa maneira de ela ser compreendida fundamenta, eficazmente, a oposição ao subjetivismo. A consciência, por outro lado, não é sempre infalível. A verdade, fosse o contrário, pelo menos nas áreas moral e religiosa, de certa forma, não existiria. Haveria unicamente a verdade do sujeito, visto que os juízos da consciência podem ser contraditórios. Essa verdade, praticamente, seria a sinceridade. A certeza se confunde, então, com a verdade. O homem, assim, ficaria aprisionado em seu mundo interior. A existência da própria liberdade ficaria comprometida, na medida em que a experiência de ser livre se vincula intimamente à verdade, se essa maneira de se entender a consciência fosse conduzida a suas últimas consequências. O subjetivismo nega, logicamente, que a pessoa humana possa conhecer-se objetivamente, inclusive a si mesma. A consciência, compreendida pelo subjetivismo, dispensa o ser humano da verdade e, portanto, da autêntica capacidade crítica. O conformismo social, assim, encontra suas bases. Aquilo que se tornou um hábito da sociedade se mostra como algo incriticável. Basta a certeza da própria opinião e a da dos outros. E *seguir a consciência* passa a ser a norma absoluta do agir humano. A tolerância passa a ser o mínimo de exigência, pelo menos, para determinadas atitudes. A convivência humana ficaria impossibilitada se, de fato, essa concepção da consciência resultasse em ação.

A consciência, adequadamente entendida, na concepção wojtyliana, não baseia o subjetivismo, nem o objetivismo. A verdade, fornecida pelo processo cognitivo, refletida e subjetivizada pela consciência, é um elemento indispensável que, ao mesmo tempo, vincula o objeto e a subjetividade. A autêntica subjetividade rechaça o subjetivismo. A pessoa humana, que possui a consciência adequadamente *bem formada*, é aquela que não troca a verdade por benefícios substitutos, mesmo sob as penas de sacrifícios. A verdade não se opõe à liberdade. É sua condição necessária. A verdade, em certo sentido, constitui a fonte e a sustentação do ser na existência. A pessoa realiza a transcendência na ação, na medida em que se vincula à verdade. A defesa do valor da verdade, por outro lado, pressupõe que o homem possa conhecê-la.

A pessoa, aderindo e se permitindo conduzir pela verdade, autotranscende-se na ação, o que distingue o dinamismo humano de qualquer outro dinamismo da natureza. A transcendência se revela como a capacidade de o ser humano deixar-se conduzir pela verdade e não ser movido pelos impulsos. Karol Wojtyla rejeita todas as concepções deterministas do homem, porque elas simplesmente negam o ser da pessoa. A criatura humana, na ação, que é o dinamismo livre do ser pessoal, origina mudanças em si mesma e no mundo. A pessoa é responsável por sua ação e por suas consequências exatamente porque ela é sua causa eficiente.

A transcendência possibilita ao homem realizar a integração dos diversos dinamismos de seu ser. Esses dinamismos devem ser integrados, dinamicamente, na totalidade da pessoa que age. A esfera passiva do ser pessoal se subordina à esfera ativa. A realidade psicossomática se insere na transcendência e a pessoa, no uso da inteligência e da vontade livre, realiza-se a si própria. O autodomínio e o autocontrole são manifestações e condições da estrutura da autodecisão.

Karol Wojtyla rejeita o individualismo, porque enclausura o ser humano em si mesmo, e o coletivismo, que dilui o homem na coletividade, porque o torna impessoalizante. A pessoa humana não pode ficar perdida em sua liberdade, nem reduzida a um indivíduo do todo coletivo. A pessoa é preservada na participação, porque essa evita a alienação. A criatura humana possui, intrínseca a sua natureza, a vocação de conviver com os outros no amor. O amor é entendido como o exercício que possibilita ao ser humano a plenificação da autopossessão, da autorrealização e do convívio humano, de fato, com seu semelhante. A comunidade é constituída pela comunhão de pessoas. A convivência comunitária das pessoas só se viabiliza no amor. A participação, juntamente com a integração e a transcendência, evita a coisificação do ser humano. Participar não consiste meramente em associar-se. A participação possui fundamentalmente um caráter personalista. A pessoa, na ação em comum, mediante a participação, continua e deve crescer como pessoa. Participar significa personalizar-se. Todos os sistemas socioeconômicos e políticos deveriam ter a participação como objetivo. O homem-pessoa, desta forma, seria sempre fim desses sistemas e nunca meio para algum fim.

A concepção antropológica de Karol Wojtyla alicerça uma

ética da realidade do *humano*, se o homem-pessoa se caracteriza essencialmente pela inteligência, consciência, liberdade, integração dos dinamismos corpóreos e psíquicos e participação, enfim, pelo elemento ôntico espiritual, porque o agir, também no mundo das pessoas, *deve* seguir o ser. A compreensão do ser humano como pessoa, por outro lado, resiste a todo tipo de reducionismos que, por isso mesmo, são frustrantes. Uma ética autêntica, para a pessoa, necessita de uma antropologia autêntica. A confusão ética em nossa atualidade tem, como uma das causas, os equívocos antropológicos. Quem, afinal, é o homem? Sem a resposta adequada a essa questão, o ser humano também não agirá de forma adequada.

Existe, na vida, no nível da pessoa, algo próprio e exclusivo, que a constitui fundamentalmente em um valor superior aos demais seres cósmicos. Encontra-se aqui o valor fundante de uma específica dignidade. A pessoa humana não é um mero exemplar da espécie. Ela não se reduz a uma individualização da essência universal. Seu valor e sua dignidade estão inscritos em sua estrutura ontológica. A pessoa é o agente da atualização de suas próprias potencialidades. A unidade do ser humano, por sua vez, encontra-se no plano metafísico. Essa unidade é aquela estrutura das ações da qual emerge a dimensão fenomenológica. A potência e o dinamismo convergem para a mesma realidade. A potência se encontra subjacente ao dinamismo, que é a estrutura do agir. O valor do ser humano se alicerça em sua participação na vida divina e, por outro lado, nele mesmo está o acesso ao dinamismo pessoal que o possibilita à descoberta de sua totalidade.

As diversas formas de se entender a ética, o direito, a política, pressupõem respectivamente uma antropologia.[51] Encontramse, por outro lado, na história do pensamento, os paradigmas *nomotético*, no período clássico, e o *hipotético*, na última modernidade.[52] Os dois paradigmas recaem sobre a compreensão

---

[51] SILVA, Paulo Cesar da. *Biodireito, ética e cidadania,* pp. 56-58.

[52] LIMA VAZ , Cláudio de. *Escritos de Filosofia II: Ética e Cultura,* pp. 149-155.

de ser humano. O primeiro quer alicerçar-se ontologicamente nas estruturas da realidade. O paradigma *hipotético*, por sua vez, procura substituir a *physis* pelo estado de natureza. O estado, na configuração da última modernidade, fundamenta-se sobre a universalização hipotética e reduz o ser humano a indivíduo. Manifesta-se, então, o convencionalismo jurídico, que objetiva harmonizar as necessidades egoístas do homem-indivíduo com os interesses da coletividade.

A ética e o direito, porque devem incidir, de fato, na consciência e nas ações das pessoas humanas, não podem limitar-se a uma deontologia coercitiva da consciência do exterior para o interior. A convicção, que conduz ao agir, alicerça suas normas em uma concepção personalista do ser humano que, por seu lado, não se limita à abordagem fenomenológica, e muito menos *fenomenista* do homem. A compreensão integral da criatura humana exige que se proceda, metodologicamente, dos fenômenos à estrutura mais profunda da pessoa. A realidade do se`r humano, para que sustente convincentemente as normas éticas e jurídicas, precisa ser conhecida e axiologicamente avaliada de forma competente. O paradigma *nomotético*, porque não se circunscreve à dimensão imanente da realidade, é o que melhor atende a essa exigência, mediante o ser humano, compreendido como pessoa, que se encontra em uma sociedade em crise axiológica pensada, vivida e, por vezes, institucionalizada.

A coerção externa, sem acolhimento na consciência ética da pessoa, explica, em parte, a situação paradoxal das solenes declarações dos direitos humanos e o retrocesso do respeito a esses direitos. A dissonância antropológica, expressão e causa de um pluralismo, sinônimo de relativismo, subjetivismo e niilismo, portanto, infundado e equivocado, constitui um dos fatores relevantes que resulta no ofuscamento da consciência, que leva à incoerência entre o discurso e a prática das normas éticas, jurídicas e políticas, que deveriam exprimir e promover os valores constitutivos e construtores da pessoa humana. Um mínimo de consenso antropológico é dificultado, entretanto, pelo ceticismo gnosiológico, pelo *dualismo cartesiano*, pelos diversos reducionismos, inclusive o biológico, e pela especialização resistente a uma antropologia integral. A mudança do paradigma da *representação* contribuiu decisivamente para esses eventos. A reflexão e as decisões de caráter ético, jurídico e político pressupõem uma formação antropológica que contemple o ser humano integral como pessoa. Essa formação, portanto, é a de um verdadeiro antropólogo e não de um ideólogo, reducionista e, por vezes, oportunista e utilitarista. Encontram-se pessoas com formação redutivamente zoológica e veterinária[53] e não antropóloga, com uma visão integral do ser humano, ascendendo a cargos que exigem uma séria e competente compreensão do ser humano, que fundamente seu valor e dignidade. As consequências não tardam a se manifestar nas decisões e legislações, visto que,

> se o homem pode decidir sozinho, sem Deus, o que é bom e o que é mau, ele pode dispor que um grupo de pessoas deva ser aniquilado; decisões deste gênero foram tomadas, por exemplo, no III Reich por pessoas que, tendo chegado ao poder por meios democráticos, se serviram do mesmo para pôr em ação os perversos programas da ideologia nacional-socialista, que se inspirava em pressupostos racistas. Análogas decisões foram tomadas na União Soviética e nos países sujeitos à ideologia marxista.[54]

A mesma matriz personalista de Karol Wojtyla alicerça o encaminhamento que ele demonstra quanto às mais variadas questões da ética, do direito e da política. Os que rotulam de *conservador*, *progressista*, de certa forma, por vezes, autoprojetam-se com uma espécie de *esquizofrenia moral*, na medida em que não se dão conta de que a dignidade transcendente do ser humano se afirma ou se nega tanto nas questões políticas, econômicas, culturais, nas questões dos direitos humanos, nos problemas ecológicos, quanto nas questões de cunho sexual, sobre a eutanásia, o abortamento, os

[53] PETER, Ricardo. *Viktor Frankl: a antropologia como terapia*, pp. 19, 22-23, 26, 105.
[54] JOÃO PAULO II. *Memória e identidade*, pp. 21-2.

problemas de biotecnologia e de biomedicina, como a transgenia, a investigação com seres humanos, células-troncos embrionárias, entre outras.[55] Encontra-se, na verdade, ainda,

> o extermínio legal de seres humanos concebidos e ainda não nascidos; trata-se de mais um caso de extermínio decidido por parlamentos eleitos democraticamente, apelando para o progresso civil das sociedades e da humanidade inteira. (...) É lícito e mesmo forçoso se perguntar se aqui não está atuando mais uma ideologia do mal, talvez mais astuciosa e encoberta, que tenta servir-se contra o homem e contra a família, até dos direitos do homem.[56]

Não têm consciência aqueles que pleiteiam determinadas ideias e comportamentos, que violentam a pessoa humana nas questões supracitadas, que são, mais que *conservadores*, verdadeiros *retrógrados* quanto à antropologia, à ética, ao direito, à política, ao verdadeiro bem da pessoa e comum. Desconhecem a história da humanidade no que se refere aos avanços do bem objetivo do ser humano. Defendem, por ignorância ou malícia moral, o progresso do retrocesso com uma linguagem, por vezes, falaciosa e sedutora.

Chama a atenção, entretanto, que as declarações e as convenções sobre os direitos do homem dos últimos cinquenta anos, incluindo-se a Declaração Universal dos Direitos do Homem de 1948, contêm elementos da concepção personalista do ser humano. É necessário, porém, observar e distinguir quais das declarações afirmam mais os direitos do homem-indivíduo do que os do homem-pessoa. O patologista Franz Buchner declara que,

> mais que todas as questões particulares de interesse da medicina, três são as que deveriam manter desperto o espírito inquieto e impaciente, que marca e nobilita o médico: a questão da essência

[55] SILVA, Paulo Cesar da. *A ética personalista de Karol Wojtyla*, pp. 131-210, 264-273, SGRECCIA, Elio. *Manual de Bioética*, vol. I, p. 527-555.

[56] JOÃO PAULO II. *Memória e identidade*, pp. 22-3.

> do ser vivo, a da essência da doença e a da essência do homem. A primeira o liga a todas as criaturas, a segunda desperta nele a consciência de velar sobre a vida em perigo, e a terceira o põe diante do mais misterioso ser que vive sob o sol, o próprio homem...[57]

O personalismo tem, como uma de suas características, a criticidade includente. Ele se abre, dialogicamente, às contribuições que as diversas áreas do conhecimento podem oferecer, para que se formulem princípios-guias e normas éticas, jurídicas e políticas. A distinção wojtyliana entre os valores da pessoa e a pessoa como valor contribui para o encaminhamento dos problemas com que as sociedades humanas se deparam. Não se pensa, ingenuamente, que o mal será totalmente vencido na história. O objetivo, e a esperança, é criar condições para o avanço do bem e o retrocesso do mal.

A educação formal e informal, que desenvolva a consciência crítica, que promova o conhecimento aberto para a realidade plena, que condiciona o amadurecimento da pessoa na verdadeira participação social e política, recusando o individualismo e o *totalitarismo* ou o *coletivismo da colmeia*, ampliando e fortalecendo a consciência ética de pessoa-cidadã, afirmando *uma civilização personalística e comunitária,*[58] é uma necessidade que se impõe, para que se progrida na construção da promoção e respeito à pessoa, cuja dignidade se enraíza em sua estrutura ôntica.

O futuro da civilização depende dessa construção para o valor e para a dignidade do ser humano-pessoa. A pessoa humana, por outro lado, está condicionada ao tempo, ao espaço, à cultura, à imanência, mas é atraída, intrinsecamente, para seu sentido verdadeiro e fim último, que é o Absoluto transcendente, a quem dará sua resposta livre e decisiva para sua realização plena e definitiva.

A compreensão fenomenológica do ser humano pode e deve ser continuada pelo estudo metafísico. A pessoa humana, então,

---

57 Franz Buchner em: SGRECCIA, Elio. *Manual de Bioética*, vol., II, p. 407.

58 MARITAIN, Jacques. *Por um humanismo cristão*, p. 109.

poderá ser entendida como uma síntese dinâmica de corpo próprio, de psiquismo e espírito. Karol Wojtyla considera que o personalismo não é

> tanto uma teoria particular da pessoa ou uma ciência teórica sobre a pessoa. Ele possui um amplo significado prático e ético: trata da pessoa como sujeito e objeto da ação, como sujeito de direitos etc.[59]

A pessoa humana é o sujeito ôntico do valor ético. Ela não se restringe a ser seu sujeito fenomenológico, o que é manifestado pela experiência do ser humano, a partir da qual a ética começa a ser constituída. Pensa-se, então, em um fundamento *ontotético*, para se compreender a realidade humana de forma mais realista e integral. Karol Wojtyla afirma que sua investigação necessita de ser continuada na esfera metafísica. Ele trouxe à consciência, com o método fenomenológico, alguns dados que, por sua vez, apontam para planos mais profundos deste ser complexo, que é a pessoa humana.

---

[59] Wojtyla, Karol. *Mi Visión del Hombre*, p. 304

Referências bibliográficas

BERNSTEIN, Carl e POLITI, Marco. *Sua Santidade João Paulo II e a história oculta de nosso tempo* (*His Holiness John Paul II and The Hidden History of Our Time*). Trad. de M. H. C. Côrtes, 6ª ed., Rio de Janeiro: Objetiva, 1996.

BENTHAM, Jeremy. Uma introdução aos princípios da moral e da legislação (The principies of Moral and Legislation). Trad. de Luiz João Baraúna, em: *Os pensadores*. São Paulo: Abril Cultural, 1974.

BUTTIGLIONE, Rocco. Desintegração e Transcendência na ação, em: *Antropologia e práxis no pensamento de João Paulo II*. Rio de Janeiro: Edições Lumen Christi, 1985.

________. *Il Pensiero di Karol Wojtyla*. Milano: Jaca, 1982.

CANTO-SPERBER, Monique (org.). *Dicionário de Ética e Filosofia Moral (Dictionaire d'Éthique et de Philosophie Morale)*. Trad. de Ana Maria Ribeiro-Alghoff, Magda França Lopes, Maria Vitória Kessler de Sá Brito, Paulo Neves, São Leopoldo (RS): UNISINOS, 2 vol., 2003.

JOÃO PAULO II. *Memória e identidade* (*Memória e Identità: Colloqui nella Tansizione del Millenio*). Rio de Janeiro: Objetiva, 2005.

________. O Redentor do homem (*Redemptor Hominis*), em: *Encíclicas o Papa João Paulo II*. Org. por Frei Luís Maria A. Sartor, OFM, São Paulo: Ed. Ltd, 1996.

________. *Cruzando o limiar da esperança* (*Crossing the Threshold of Hope*). Trad. de Antônio Angonese e Ephraim Ferreira Alves, 1ª ed., Rio de Janeiro: Francisco Alves, 1994.

________. *Sobre o valor e a inviolabilidade da vida humana* (*Evangelium Vitae*). São Paulo: Ed. Paulinas, 1995.

________. *Sobre a vocação e missão dos leigos na Igreja e no mundo* (*Christifideles Laici*). São Paulo: Ed. Loyola, 1989.

KANT, Emmanuel. Fundamentação da metafísica dos costumes (Grundlegur zur Metaphysik der Sitten). Trad. de Paulo Quintela, em: *Os pensadores.* São Paulo: Nova Cultural, 1974

LIMA VAZ, Henrique Cláudio de. *Escritos de Filosofia III – Filosofia e cultura.* São Paulo: Loyola, 1997.

______. *Escritos de Filosofia II: Ética e Cultura.* São Paulo: Loyola, 1993.

MARITAIN, Jacques. *Por um humanismo cristão* (*Per um Umanesimo Cristiano*). Trad. de Gemma Scardini, São Paulo: Paulus, 1999.

________. *Os direitos do homem.* Trad. de Afrânio Coutinho, 3ª ed., Rio de Janeiro: José Olympio Editora, 1967.

______. *A filosofia moral* (*La Philosophie Moral -examen Historique et Critique des Grands Systèmes*). Trad. de Alceu Amoroso Lima, Rio de Janeiro: Livraria Agir, 1964.

_______. *A pessoa e o bem comum* (*La Personne et le Bien Comum*). Trad. de Vasco Miranda, Lisboa: Morais Editora, 1962.

PADILHA, Tarcísio Meirelles. A filosofia de Karol Wojtyla no diálogo das filosofias, em: *Antropologia e práxis no pensamento de João Paulo II.* Rio de Janeiro: Edições Lumen Christi, 1985.

PETER, Ricardo. *Viktor Frankl: a antropologia como terapia (Viktor Frankl: la Antropologia como Terapia).* Trad. de Thereza Christina Stummer, São Paulo: Paulus, 1999.

PLATÃO. Fedon, em: *Os pensadores.* Trad. e notas de José Cavalcante de Souza, Jorge Paleikat e João Cruz Costa, 4ª ed., São Paulo: Nova Cultural, 1987.

RULLA, Luigi M.S.J. *Antropologia da vocação cristã.* São Paulo: Edições Paulinas, 1987.

SANTO TOMÁS DE AQUINO. *Suma Teológica*. Trad. de Alexandre Corrêa, 2ª ed., Porto Alegre: Escola Superior de Teologia São Lourenço de Brindes, Livraria Sulina do Sul, Universidade de Caxias do Sul, 1980.

SÁ EARP, Pe. Ney Affonso de. Metafísica da participação e solidariedade ativa, em: *Antropologia e Práxis no pensamento de João Paulo II.* Rio de Janeiro: Edições Lumen Christi, 1985.

SCHNEEWIND, J. B. *A invenção da autonomia.* (*The Invention of Autonomy*). Trad. de Magda França Lopes, São Leopoldo (RS): UNISINOS, 2001.

SEIFERT, Josef. Fenomenologia e consciência da filosofia de Karol Wojtyla: para uma nova metafísica clássica da pessoa em Antropologia, em: *Antropologia e práxis no pensamento de João Paulo II*. Rio de Janeiro: Edições "Lumen Christi", 1985.

SGRECCIA, Elio. *Manual de Bioética. I – Fundamentos e ética biomédica; II – Aspectos médico-socias* (*Manuale di Bioética – I. Fondamenti ed Etica Biomédica*, II – *Aspetti Medico-sociali*). Trad. de Orlando Soares Moreira, São Paulo: Ed. Loyola, 1996.

SILVA, Paulo Cesar da. in *Biodireito, ética e cidadania*. Grasiele Augusta Ferreira Nascimento e Lino Rampazzo (org), Taubaté (SP): Cabral e UNISAL, 2003.

________. *A ética personalista de Karol Wojtyla*. Aparecida-SP: Ed. Santuário, UNISAL, 2001.

TAYLOR, Charles. *Argumentações filosóficas* (*Philosophical Arguments*). Trad. de Adail Ubirajara Sobral, São Paulo: Ed. Loyola, 2000.

WOJTYLA, Karol. *Mi Visión del Hombre*. Trad. de Pilar Ferrer, 3ª ed., Madri: Ediciones Palabra, 1998.

________. *Amor e responsabilidade* (*Milosc I Odpowiedzialnosc*). Trad. de Pe. João Jarski e Pe. Lino Carrera, São Paulo: Ed. Loyola, 1982.

________. *Persona y Acción*. Trad. espanhola de Jesús Fernández Zulaica, Madri: Biblioteca de Autores Cristianos, La Editorial Catolica, S.A., 1979.

Revista

LOBATO, Abelardo. La Persona en el Pensamiento de Karol Wojtyla, em: *Angelicum*, vol. 56, fasc. 2-3, 1979.

Esta obra foi composta em CTcP
Capa: Supremo 250g – Miolo: Pólen Soft 80g
Impressão e acabamento
GRÁFICA E EDITORA SANTUÁRIO